밥
먹
는 카
    페

밥 먹는 카페

글과 요리 이미경

**봄 여름 가을 겨울
카페밥 레시피**

난&다

Prologue

제게는 초등학생 시절 텔레비전의 요리 프로그램을 보면서 깨알처럼 써내려간 작은 수첩이 있습니다. 그 수첩을 보면서 요리하는 일을 천직으로 생각하며 즐겁게 일을 해왔습니다.

직장인들이라면 누구나 한 번쯤 꿈꾼다는 카페 오너, 저도 예외는 아니었습니다. 커피 향 가득한 카페에서 모닝 커피를 마시면서 시작하는 우아한 하루를 생각했지요. 그러다 어느 날 갑자기 카페를 열게 되었습니다. 오랫동안 요리를 해왔으니 좋아하는 커피를 즐기며 요리를 만들어 파는 일도 어려운 일은 아닐 듯하다는 무모한 용기. 그리고 무한의 지지를 아끼지 않는 또다른 주인장의 도움으로 겁도 없이 카페를 시작한 것이지요.

그러나 준비되지 않았던 초보 주인에게 테이블 4개짜리 작은 카페를 경영하는 일은 만만치 않았습니다. 인테리어, 스태프의 구성과 관리, 홍보, 손님들 입맛에 맞는 메뉴 선정, 재무관리 그 외 카페기물과 재고 관리…… 하루를 커피로 시작하느냐고요? 무슨 말씀을. 하루의 시작은 앞치마를 두르고 팔을 걷어붙이며 시작됩니다.

골목골목으로 이어진 작은 밥먹는 카페를 찾는 손님들에게 소소한 기쁨이 되는 음식을 만들어내는 일은 참 행복합니다. 그 손님들이 친구나 연인, 가족들과 다시 찾아줄 때는 반가운 마음에 맛있는 반찬이라도 한 가지 더 얹어 드리고요. 오늘의 플레이트 메뉴를 집에서 만들어보겠다고 의지를 보이는 손님들에게는 즉석 쿠킹 클래스를 열기도 합니다. 입이 다물어지지 않을 만큼 매상을 올린 날보다는 넉넉히 드린 카페 음식을 맛있다며 남김없이 비워주실 때 더 신이 납니다. 카페 오너를 하지 않고서는 결코 느낄 수 없을 소소한 기쁨이 저를 춤추게 합니다.

한 사람의 아내이자 엄마, 요리 연구가란 여러 개의 명함으로 하루를 24시간이 아닌 48시간으로 살던 제게 생긴 또 하나의 직함 카페 오너. "나, 바빠요"를 입에 달고 살면서도 『밥먹는 카페』라는 책을 쓸 결심을 한 까닭이 있습니다. 앞으로 카페 오너를 꿈꾸는 분들이 저와 같은 시행착오를 겪지 않았으면 하는 바람과 밥먹는 카페의 자연식 메뉴를 집에서 만들어 먹고 싶다는 단골손님들의 강력한 요청. '며느리도 몰라'를 실천해야 성공한다고 조언하는 몇몇 사람들의 조언을 무시하고 밥먹는 카페의 모든 노하우를 공개합니다.

밥먹는 카페 주인 이미경

차례

Prologue 5
이 책의 계량법 11

Chapter 1. 밥먹는 카페의 원 플레이트

SPRING

March one plate menu 봄나들이 초밥
밥먹는 카페에서 봄 소풍 | 봄꽃 초밥 16
봄 메뉴의 미모 담당 | 부추 달걀국 18
상큼한 봄맛 | 봄나물 겉절이 20
씹어 먹는 봄 보약 | 멸치 고추장 조림 22
안심하고 먹어도 되는 | 돼지고기 안심 샐러드 24
잘 먹겠습니다 | 냉이 호박전 26

April one plate menu 봄나물과 봄 생선의 협주곡
당분간 하얀 쌀밥 안녕~ | 쑥밥과 달래 양념장 30
비운의 봄 미각 | 주구미탕 32
봄에 관한 기억 | 조개 미나리 무침 34
젓가락질 잘해야만 밥을 먹어요♪ | 콩 조림 36
카페에서 맛보면 더 색다른 | 두부 불고기 샐러드 38
슬쩍 메뉴에 올린 | 칠리 소스와 참치 꼬치구이 40

May one plate menu 봄날 오후의 비타민 밥상
연둣빛 보석이 콕콕 | 완두콩밥 44
밥에 비비고 | 된장 소스 46
우리 카페의 봄국 | 조개 된장국 48
술안주가 밥반찬으로 | 오이 북어포 무침 50
달걀말이보다 특별한 | 냉이 오믈렛 52
아이처럼, 급식 반찬 | 한입 돈가스 54

SUMMER

June one plate menu 여름이 보내온 선물
후다닥 닭 보양식 | 닭고기 찹쌀밥 58
여름맞이 다이어트용 국 | 미역 냉국 60
무더위 잡는 신맛 | 채소 초고추장 무침 62
가지의 참맛에 눈을 뜬 여름 | 가지 튀김 64
오이피클보다 맛있는 | 양파 간장 피클 66
여름 채소의 기를 살려주는 | 장떡 68

July one plate menu 신선놀음을 위한 한 상
까만 밥이 콕콕 | 흑미밥 72
오늘은 커리 먹는 날 | 닭고기 커리 소스 74
핫한 카페의 힙한 반찬 | 오이지 무침 76
손님과 주인, 모두에게 효자 반찬 | 매운 숙주 볶음 78
집 밖에서 맛보는 이색 김치 | 녹차 물김치 80
기분 좋은 포만감 | 깐풍두부 82

August one plate menu 소박한 한 끼가 주는 파워
밥먹는 카페의 여름 밥 | 보리밥 86
우리 모두의 여름 별미 | 쌈과 쌈장 88
카페풍 여름 보양식 | 닭개장 90
무더위와 매운맛 전쟁 | 매운 감자 조림 92
보랏빛 향기 | 가지 조림 94
매일 먹어도 질리지 않는 | 참나물전 96

AUTUMN

September one plate menu 가을 운동회를 기억하며

밥먹는 카페의 건강밥 | 현미밥 100
해장하러 카페로 오세요 | 북엇국 102
카페풍 가을 버섯 요리 | 버섯 불고기 104
원 플레이트의 악센트 | 생땅콩 조림 106
샐러드처럼 먹는 | 오이 미역 초무침 108
유부 초밥은 잊을래 | 유부 채소 볶음 110

October one plate menu 오물오물, 가을을 씹는다

색으로 먹는 | 치자밥 114
친자연적인 덮밥 소스 | 김치 소스 116
소박한 국 한 그릇 | 감잣국 118
이 요리 모르셨죠? | 연근 튀김 120
마법의 요리 | 참치 올리브 샐러드 122
손님들이 앙코르를 외치는 | 두부 장아찌 124

November one plate menu 울긋불긋 단풍을 닮은 먹을거리

반찬 없이도 한 그릇 싹싹 | 무밥과 양념장 128
카페 최고 히트 메뉴 | 시래기 된장국 130
차고 넘치는 고구마로 만든 | 고구마 겨자채 무침 132
푸짐하고 뜨끈한 | 중국식 해산물 볶음 134
칼슘 먹이는 카페 | 잔멸치 아몬드 조림 136
즉석 김치 | 중국식 오이김치 138

WINTER

December one plate menu 첫눈에 반하다

겨울 별미밥 | 뿌리채소밥과 양념장 142
꽃이 피다 | 오색 떡국 144
두부에 겨울옷을 입히다 | 유자향 두부 조림 146
훌륭한 밥반찬 | 김치전 148
반찬과 디저트 사이 | 단호박 고구마 샐러드 150
원 플레이트의 숨은 맛 | 김 장아찌 152

January one plate menu 겨울 방학, 그때 간식처럼

행복한 카페의 행복한 밥 | 카레밥 156
겨울과의 싸움 필승 메뉴 | 오징어덮밥 소스 158
겨울 별미 된장국 | 취나물 된장국 160
날씬해지는 밥반찬 | 도토리묵 김치 무침 162
지극정성, 엄마 마음으로 | 파래 무 생채 164
춘권 다툼으로 지은 인연 | 김치 춘권 튀김 166

February one plate menu 겨울 맛 물오르다

콩밥보다 맛있는 | 은행밥 170
집밥을 생각나게 하는 | 콩나물국 172
젓가락이 춤추는 사과 반찬 | 사과 달래 무침 174
시간의 맛이 더해진 | 늙은호박전 176
스트레스여, 안녕 | 매운 닭 구이 178
카페 메뉴로 데뷔한 | 마파두부 180

Chapter 2. 밥먹는 카페의 원 런치 박스

Lunch Box 소풍 가기 전날 밤
다이어트 김밥 | 두부 김밥 186
손님들이 방긋 웃는다 | 메추리알 꽈리고추 조림 188
건강 디저트 | 컵과일과 요구르트 190

Lunch Box 오리엔탈풍 도시락
요리사를 춤추게 하는 | 숙주 볶음밥 194
술안주가 도시락 메뉴로 | 감자칩과 닭안심 튀김 196
팥, 활약하다 | 팥을 올린 두부 경단 198

Lunch Box 화합의 점심 만찬
도시락을 열면 | 등갈비찜 덮밥 202
도시락에 핀 붉은 연꽃 | 비트 연근 피클 204
텃밭에서 키운 고구마로 | 고구마 맛탕 206

Lunch Box 어린이 입맛을 가진 어른에게
먹기 편한 밥 | 밥을 넣은 달걀말이 210
슈퍼 푸드 우엉 | 우엉 쇠고기 조림 212
배불리 먹어도 좋은 | 그린 샐러드 214

Lunch Box 만추, 맞춤 도시락
비비고, 비비고 | 버섯나물과 비빔양념장 218
지글지글 기름에 지진 | 옥수수전 220
달콤함으로 입맛에 여운을 남기는 | 초코 무스 222

Lunch Box 스타 레스토랑보다 빛나는 평범 도시락
지겨운 김밥 대신 | 멸추 김밥 226
든든한 곁들이 반찬 | 햄 커틀릿 228
도시락에 초대한 손님 | 비트 수프 230

Chapter 3. 밥먹는 카페의 원 볼 파스타

밥먹는 카페에서 내고픈 | 봉골레 스파게티 **234**
고소함을 무기로 | 브로콜리 새우 크림 소스 파스타 **236**
흥미로운 이야기를 숨긴 | 채소를 올린 푸타네스카 **238**
뚝배기와 우호 협정을 맺고픈 | 라자냐 **240**
펜네로 미모에 힘을 준 | 카레를 넣은 펜네 **242**

Chapter 4. 밥먹는 카페의 원 볼 샐러드

예약 완료, 카페의 간판 샐러드 | 타이풍 닭고기 샐러드 **246**
채소를 밀어낸 버섯들의 대승 | 바게트에 곁들인 버섯 샐러드 **248**
아이와 함께 온 손님을 위한 | 닭 가슴살 아몬드 샐러드 **250**
채소 샐러드가 지겹다면 | 과일을 곁들인 해산물 샐러드 **252**
매운맛 파를 위한 | 매콤한 오징어구이 샐러드 **254**

Chapter 5. 밥먹는 카페의 테이크 아웃 푸드

밥먹는 카페의 이름을 알린 | 카레 닭 가슴살 감자 샌드위치 **258**
봄에만 만나요 | 봄나물 불고기 샌드위치 **260**
건강한 햄버거 제조 설명서 | 햄버거 샌드위치 **262**
구름 위를 걷는 맛 | 베지테리언 샌드위치 **264**
만만한 테이크 아웃 카페 푸드 | 연어 주먹밥 **266**
카페의 아주 특별한 | 톳 주먹밥 **268**
건강한 카페의 건강한 | 오트밀 쿠키 **270**
카페를 가득 채우는 쿠키 향기 | 버터링 쿠키 **272**
메시지를 담은 | 모양 쿠키 **274**
고소함이 데굴데굴 | 호두 볼 **276**
만인의 스위트 | 호두 파이 **278**
러브 이즈 매직 | 초콜릿 케이크 **280**
나른한 오후의 간식 | 호두 브라우니 **282**
동양 생과자점 오픈 | 유자향 만주 **284**

Chapter 6. 밥먹는 카페의 사계절 과일청

석류청 288
매실청 289
사과청 290
레몬청 291
오미자청 292
유자청 293
복분자청 294
블루베리청 295

Chapter 7. 밥먹는 카페의 창업 스토리

밥먹는 카페는 여기 있어요 298
밥먹는 카페 구석구석 탐색 300
밥먹는 카페의 숨겨진 이야기 306
밥먹는 카페의 메뉴 310
밥먹는 카페의 창업 비용 312
카페 영업 신고 방법과 과정 314
밥먹는 카페의 인테리어 316
밥먹는 카페 오너의 카페 잡화 318
밥먹는 카페의 운영 노하우 324
밥먹는 카페의 단골손님 326
밥먹는 카페 오너가 반한 카페 디자인 스튜디오 329

Special Recipes

카페 오너를 위한 밥먹는 카페 손님용 레시피 330
밥먹는 카페 **Index** 340
밥먹는 카페 오너의 **Tip 115** 341

이 책의 계량법

뚝딱 밥숟가락 계량법
계량스푼 ▶ 어른용 밥숟가락
계량컵 ▶ 종이컵

종이컵으로 액체 재료 계량하기

1컵은 종이컵에 가득 담은 양으로 200㎖에 조금 부족한 양

1/2컵은 종이컵의 중간 지점에서 살짝 올라오도록 담은 양

고춧가루, 소금, 설탕 같은 가루 재료 계량하기

1은 밥숟가락으로 수북하게 떠서 위를 평평하게 깎은 양

0.5는 밥숟가락 절반 정도의 양

0.3은 밥숟가락에 1/3 정도 담은 양

종이컵으로 액체 재료 계량하기

국수나 스파게티 등의 면은 엄지와 검지로 동그라미를 만들어 살짝 쥔 정도의 양

손질한 재료를 한 손으로 가볍게 쥐었을 때의 양으로, 식재료에 따라 무게가 달라진다.

간장, 식초 같은 액체 재료 계량하기

1은 밥숟가락으로 가득 뜬 양

0.5는 밥숟가락 절반 정도의 양

0.3은 밥숟가락의 1/3 정도 담은 양

★ 1+1/2컵은 1컵+2분의 1컵
★ 1.5는 한 숟가락+반 숟가락
★ 약간은 엄지와 검지로 소금이나 후춧가루를 집을 수 있는 정도의 소량. 약간이라 표기되어 있어도 입맛에 맞게 간을 조절하세요.

고추장, 된장 같은 장류 계량하기

1은 밥숟가락으로 가득 떠서 위를 평평하게 깎은 정도의 양

0.5는 밥숟가락 절반만 담은 양

0.3은 밥숟가락 1/3 정도 담은 양

★ **밥먹는 카페 레시피 활용 팁**
이 책에 소개된 레시피에는 **맛보기 레시피**와 카페 오너를 위한 **대용량 레시피** 2가지를 소개합니다. 대용량 레시피는 손님 초대상에도 활용할 수 있습니다. 다만 요리를 만들 때 가장 맛있는 분량을 기준으로 한 요리도 있습니다.

밥먹는 카페는 홍대 근처 주택가 속에 숨어 있어요.

'오늘의 플레이트'라는 밥메뉴 하나에

샌드위치와 쿠키,

커피와 직접 담근 레몬청이나 유자청 등으로 만든 음료 몇 가지가

밥먹는 카페의 조촐한 메뉴의 전부입니다.

경사진 언덕을 헐떡 숨을 쉬며 올라온 단골손님들은

오늘의 메뉴가 적힌 작은 칠판에는 눈길도 주지 않고

테이블에 앉아 "밥주세요"부터 외칩니다.

엄마에게 오늘 반찬이 뭐냐 꼬치꼬치 묻지 않듯,

밥먹는 카페에서는 주는 대로 맛있게 먹어주는 단골손님들이 있습니다.

단골손님들이 만족할 만한 소박한 밥 한 끼를 위해 저는 매일 주방에 섭니다.

엄마 밥처럼 대접하고 싶기에 제철에 난 재료들로 밥을 차리다보니

어느새 원 플레이트에 사계절이 담겼습니다.

봄, 여름, 가을, 겨울 동안 큰 사랑을 받은

밥먹는 카페의 원 플레이트를 모아보았습니다.

CHAPTER 1

One Plate
밤먹는 카페의 원 플레이트

>> **one plate menu** S p r i n g

March

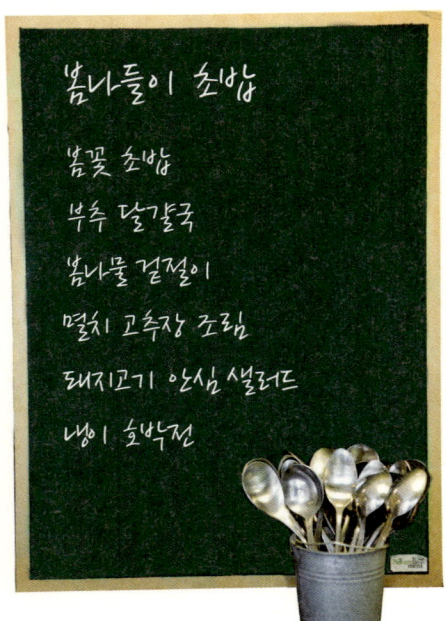

밥 먹는
카페에서
봄 소풍

봄꽃 초밥

봄에 어울리는 초밥이에요. 산뜻한 봄에는 눈이 먼저 음식을 먹지요.
오밀조밀 얹은 재료와 새콤달콤한 밥이 춘곤증으로 입맛 잃은 손님들의 입맛을
돋게 해주는 메뉴예요. 이 초밥은 비빔밥처럼 섞어 먹는 게 아니라
위에서 아래도 떠먹어야 재료들이 가진 맛을 온전히 즐길 수 있어요.

How to Cook

1. 쌀 1컵은 깨끗이 씻어 다시마 1장과 물을 넣고 고슬고슬하게 밥을 짓는다.

2. 밥이 뜨거울 때 단촛물 재료를 넣어 고루 섞는다.

3. 칵테일새우 1+1/2컵은 끓는 물에 살짝 데쳐 물기를 뺀다. 달걀 1개는 소금을 약간 넣어 곱게 풀어 팬에 식용유를 살짝 둘러 코팅한 후 얇게 지단을 부쳐 3cm 길이로 곱게 채썬다.

4. 무순 1/4팩은 찬물에 헹궈 물기를 뺀다.

5. 접시에 초밥을 고루 펴 담고 달걀지단, 칵테일새우, 무순, 날치알을 고루 올린다.

Ingredients

2인분 [30분]

주재료
쌀 1컵
다시마(10×10cm) 1장
칵테일새우 1+1/2컵
달걀 1개
소금 약간
무순 1/4팩
날치알(두 가지 색) 약간
소금 약간
식용유 적당량

단촛물 재료
식초 3
설탕 2
소금 0.5

대체 재료
새우 ▶ 연어를 구워 부숴서 올리거나 냉동 참치살을 잘라서 올려도 됨

카페용 대용량 레시피 **330쪽**

Cafe Owner's Tip

카페에서 사용하는 단촛물
초밥은 주문이 들어왔을 때 따끈한 밥에 바로 단촛물을 섞어야 밥이 부드럽고 맛있다. 양조식초 1.8ℓ, 설탕 2kg, 꽃소금 430g, 다시마 1장, 레몬 1/2개를 섞은 단촛물은 넉넉히 만들어 숙성시켜 사용하면 좋은데, 식초와 설탕, 소금이 잘 어우러지도록 여러 번 저어 보관한다.

봄 메뉴의
미모 담당

부추 달걀국

파릇파릇 새싹이 돋아난 봄을 대표하는 새싹인 부추.
짤막짤막한 부추는 향과 맛뿐 아니라 영양가도 뛰어나
부추를 넣은 국 한 그릇이면 보양식이 따로 없어요.
늘 먹는 달걀국에 봄 향기 가득한 부추를 넣으면 봄 밥상이 화사해져요.

How to Cook

1. 부추 1/2줌은 손질하여 물에 씻어 먹기 좋은 길이로 썬다.

다시마는 구입하여 적당한 크기로 잘라 밀폐용기에 넣어 두었다가 필요할 때마다 꺼내어 젖은 면보 자기로 닦거나 흐르는 물에 씻어 사용한다

2. 냄비에 물 4컵, 다시마 1장을 넣고 물이 끓으면 다시마를 건져낸다.

3. 국간장 0.5를 넣고 간한 뒤, 달걀 2개를 풀어넣고 살짝 끓인다.

부추는 살짝만 끓인다

4. 부추를 넣고 다진 마늘 0.5, 소금과 후춧가루를 약간씩 넣어 간한다.

Ingredients

2인분 · [10분]

주재료
부추 1/2줌
물 4컵
다시마(10×10cm) 1장
달걀 2개

양념 재료
국간장(또는 참치 한스푼) 0.5
다진 마늘 0.5
소금·후춧가루 약간씩

Cafe Owner's Tip

부추 고르는 법과 씻는 법
부추는 3~5월이 제철로, 잎이 짧고 부드러우며 짙은 녹색에 윤기가 나는 것이 약효도 뛰어나다. 부추는 씻기 전에 잘 다듬은 다음 물을 받아놓은 그릇에 넣어 살살 흔들어가며 씻어야 싱싱한 부추를 먹을 수 있다.

참치액 소스
순살 참치액과 천일염, 채소, 다시마, 대추 등을 섞은 소스로 국이나 무침, 볶음 요리에 소금 대신 넣으면 더욱 깊은 맛이 나요.

상큼한
봄맛

봄나물 겉절이

1년 365일 손님들에게 대접하고 싶은 메뉴는 겉절이예요.
요즘 육류에 비해 채소를 거의 먹지 않는 분들도 많은 것 같아요.
이런 분들을 위해 각기 다른 향과 맛을 내는
사계절 재료를 넉넉히 무쳐 한 그릇씩 드리고 싶어요.
섬유질과 비타민이 풍부한 채소 겉절이를 먹으면 비타민제가 필요 없어요.

How to Cook

1. 봄동 1/2포기는 다듬어서 깨끗이 씻는다.

2. 달래 1/4단은 뿌리 부분을 다듬어 씻어 3cm 길이로 썰고, 깻잎 2장은 손질해 굵게 채썬다.

3. 참치액 소스 2, 식초 1.5, 설탕 1, 맛술 1, 고춧가루 0.5를 한데 섞어 양념장을 만든다.

식초와 설탕을 섞으면 설탕이 빨리 녹지 않으므로 거품기로 젓는다

4. 봄동, 달래, 깻잎에 참기름과 통깨를 약간씩 뿌려 버무린 후 양념장을 넣어 살살 버무린다.

Ingredients

2인분 [20분]

주재료
봄동 1/2포기
달래 1/4단
깻잎 2장
참기름·통깨 약간씩

양념장 재료
참치액 소스 2
식초 1.5
설탕 1
맛술 1
고춧가루 0.5

Cafe Owner's Tip

카페에서 만드는 겉절이

겉절이는 주문이 들어왔을 때 채소를 꺼내 참기름, 통깨를 넣어 살살 버무린 후 양념을 넣고 버무려야 숨이 죽지 않고 참기름 향도 고소하게 오래 남는다.
양념장에 참기름을 미리 섞어두면 양념을 오래 보관하기 어려울뿐더러 고소한 향이 날아가고 통깨는 양념에 불어서 고소한 맛이 사라진다.

씹어 먹는
봄 보약

멸치 고추장 조림

칼슘이 풍부한 멸치는 뼈째 먹는 생선이죠. 모양새가 비실비실하여 어릴 적 마른 친구들을 놀릴 때 "멸치도 생선이냐"라고 했지만, 지금은 밥먹는 카페의 칼슘 밥상을 책임지는 대표 식재료예요. 특히 고추장에 조린 멸치는 추억의 도시락에 꼭 들어갔던 단골 반찬이라 항상 인기 있어요.

How to Cook

이렇게 준비해야 비린내가 나지 않고 오래 보관해 두고 먹을 수 있다

1. 멸치 50g은 잡티를 골라내고 오븐에 넣어 살짝 굽거나 팬에 바삭하게 볶는다.

2. 고추장 0.3, 간장 0.5, 맛술 1, 물엿 1, 물 2를 섞은 양념장을 냄비에 넣어 팔팔 끓인다.

카페에서 많은 양의 멸치 고추장 조림을 만들어서 두고 먹을 때는 아몬드를 다 섞지 말고 멸치만 볶아두었다가 아몬드는 그날그날 사용할 때 섞어야 고소하고 바삭한 식감을 살릴 수 있다

3. 멸치를 넣어 섞은 후 참기름을 약간 뿌린다.

4. 아몬드를 넣어 섞는다.

Ingredients

2인분 [10분]

주재료
멸치 50g
참기름 약간
아몬드 약간

양념장 재료
고추장 0.3
간장 0.5
맛술 1
물엿 1
물 2

대체 재료
아몬드 ▶ 땅콩, 잣, 호두 등의 견과류

Cafe Owner's Tip

두고두고 사용하는 기본 양념 간장

간장 2컵, 청주 2+1/4컵, 물 1컵, 흑설탕 250g, 대파 1대, 마늘 50g, 생강 20g, 통후추 0.5를 냄비에 넣고 중간 불로 끓여 1/3로 졸면 대파, 마늘, 생강, 통후추를 건져내고 보관했다가 조림 등에 사용한다.

안심하고
먹어도 되는

돼지고기 안심 샐러드

삼겹살만 좋아하는 우리나라 사람들은 돼지고기 안심이나 등심으로
요리하는 것이 익숙하지 않아요. 기름기가 적은 안심은 퍽퍽하고
맛이 없다고만 생각하죠. 기름기가 없는 안심은 오히려 샐러드에 적당하고,
식어도 먹기 좋으니 채소와도 잘 어울리거든요.
다이어트 중인 손님들에게도 넉넉히 주서도 되는 메뉴예요.

How to Cook

 Ingredients

2인분 [30분]

주재료
돼지고기(안심) 300g
양파 1/2개
양배추 적당량

돼지고기 밑간 재료
청주 1
소금·후춧가루 약간씩

참깨 드레싱 재료
통깨 1
땅콩버터 1
식초 2
설탕 1
물 5
연겨자 0.5
간장 0.5
소금 0.3

1. 돼지고기 300g은 안심으로 준비해서 청주 1, 소금과 후춧가루를 약간씩 뿌려 밑간한다.

2. 양파 1/2개는 두툼하게 슬라이스해서 오븐 용기에 담고, 그 위에 돼지고기를 얹어 180℃로 예열한 오븐에서 30분 정도 구워 얇게 썬다.

3. 믹서에 통깨 1, 땅콩버터 1, 식초 2, 설탕 1, 물 5, 연겨자 0.5, 간장 0.5, 소금 0.3을 넣고 곱게 갈아 드레싱을 만든다.

4. 양배추는 곱게 채썰어 찬물에 씻어 물기를 완전히 빼서 그릇에 담고 돼지고기를 얇게 썰어 올린다.

 Cafe Owner's Tip

카페에서 양배추 썰기
얇게 썰어야 맛있는 양배추는 양배추 1통을 4등분하여 뿌리 쪽은 그대로 둔 채 슬라이스 채칼을 이용해 채썬다. 이렇게 하면 일정한 두께로 쉽게 썰 수 있는데, 손을 다칠 수도 있으니 깨끗한 면장갑을 끼고 썬다.

시판용 깨 소스
소스를 만들어 써도 되지만 시판 제품을 잘 활용하면 카페에서 요리하는 수고를 덜 수도 있다. 돼지고기와 깨 소스는 궁합이 제법 잘 맞는다.

잘
먹 겠 습 니 다

냉이 호박전

호박전은 왜 둥글둥글하게만 부칠까요?
그 모양이 식상해서 채를 썰어 간 뒤 전을 부쳤더니 찹쌀처럼 늘어지는 성질이 있어
부치기가 무척 어려웠어요. 호박에 냉이를 섞어 부칠 때는 호박을 채썰어
갈아넣고 밀가루를 섞어야 모양도 살리고 쉽게 부칠 수 있어요.

How to Cook

1. 냉이 1줌은 뿌리 쪽의 흙을 다듬어 씻어 건져 뿌리 쪽은 다지고 잎 쪽은 굵게 썬다.

2. 애호박은 1/2개는 강판에 갈고 나머지는 채썬다.

3. 냉이와 애호박을 섞은 후 소금으로 간하고 밀가루 1/4컵을 넣어 섞는다.

4. 팬에 식용유를 두르고 한 숟가락씩 떠서 앞뒤로 노릇노릇하게 지진다.

> 반죽을 미리 해놓을 때에는 소금을 넣지 않는다. 채소가 소금에 절여져 수분이 많이 생겨 밀가루를 많이 넣어야 하기 때문이다. 재료만 섞어두고 전을 부치기 전에 소금과 밀가루를 넣어 반죽한다.

Ingredients

2인분 [20분]

재료
냉이 1줌(60g)
애호박 1/2개
소금 약간
밀가루 1/4컵
소금 약간
식용유 적당량

Cafe Owner's Tip

냉이가루 만들기

냉이가 나는 봄철, 시간이 있을 때에는 냉이를 살짝 데쳐 그늘에 말리거나 채소 건조기에 말려 커터기에 갈아 냉이가루를 만든다. 일 년 내내 봄의 향기를 느끼게 해주는 천연양념으로 활용할 수 있다.

>> **one plate menu** S p r i n g

April

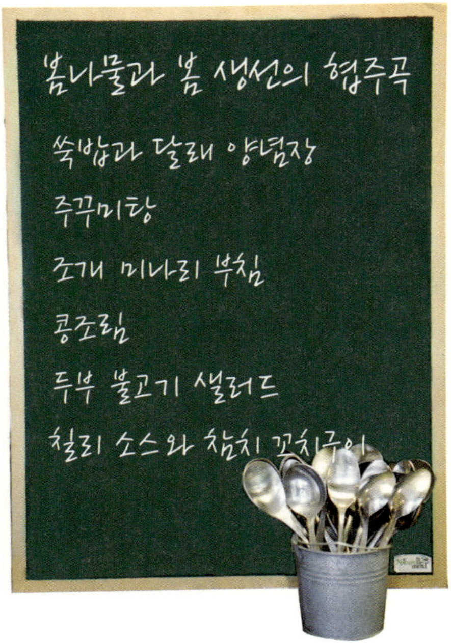

봄나물과 봄 생선의 협주곡

쑥밥과 달래 양념장

주꾸미탕

조개 미나리 부침

콩조림

두부 불고기 샐러드

칠리 소스와 참치 꼬치구이

당분간
하얀 쌀밥
안녕~

쑥밥과 달래 양념장

쑥밥을 하는 날에는 밥먹는 카페의 입구부터 쑥향으로 가득해요. 손님들이 그 향이 너무 좋다며 오늘의 메뉴를 궁금해합니다. 향기에 먼저 감동하고 플레이트를 받고 쑥밥 맛에 한 번 더 감동하는 메뉴예요. 봄에는 쑥을 그대로 사용하고 다른 계절에는 냉동 보관한 쑥으로 쑥밥을 지어냅니다.

How to Cook

1. 쌀 1컵은 물에 씻어 30분 정도 불린다.

2. 쑥 1/2줌은 다듬어 끓는 물에 굵은소금을 약간 넣고 데쳐 찬물에 헹궈 손으로 물기를 꼭 짜서 송송 썬다.

3. 냄비에 쌀과 쑥을 넣고 물 1컵을 부어 밥을 짓는다.

4. 밥에 뜸이 들면 주걱으로 섞는다.

5. 양념장 재료인 간장 2, 송송 썬 달래 3~4줄기, 고춧가루 0.5, 맛술 1, 참기름 1, 깨소금 0.5를 한데 섞어 곁들인다.

간장은 장아찌나 간장 피클을 담고 남은 것을 활용하면 좋다

Ingredients

2인분 [30분]

주재료
쌀 1컵
쑥 1/2줌(30g)
굵은소금 약간
물 1컵

참깨 드레싱 재료
간장 2
달래 3~4줄기
고춧가루 0.5
맛술 1
참기름 1
깨소금 0.5

대체 재료
쑥 ▶ 냉이, 취나물
달래 ▶ 영양부추

Cafe Owner's Tip

쑥 갈무리
제철이 뚜렷한 쑥은 깨끗이 다듬어 끓는 물에 굵은소금을 넣고 데쳐 물기를 꼭 짜서 냉동용 지퍼백에 담아 냉동 보관해서 사용하면 편리하다.

비운의
봄 미각

주꾸미탕

낙지 때문에 빛을 발하지 못하는 주꾸미를 볼 때면 참 안타까워요.
맛으로 따지면 낙지가 완승이겠지만, 봄에는 주꾸미 맛도 훌륭하거든요.
살짝 데쳐 초고추장에 찍어 먹어도 맛있고, 샤브샤브해 먹으면 분명
주꾸미 열혈팬이 되고도 남을 거예요.
봄에 먹는 주꾸미는 가을의 낙지보다 훨씬 귀한 재료임을 자신해요.

How to Cook

1. 주꾸미 4마리는 소금물에 바락바락 비벼가며 씻는다.

2. 주꾸미의 머리와 내장을 제거하고 먹기 좋은 크기로 썬다.

3. 무 1토막은 납작하게 썰고, 홍고추 1/2개, 풋고추 1/2개, 대파 1/4대는 어슷하게 썬다.

4. 냄비에 물을 붓고 국간장 1과 무를 넣어 센 불로 끓인다.

5. 국물이 팔팔 끓으면 주꾸미를 넣어 끓인다.

6. 주꾸미가 익으면 홍고추, 풋고추, 대파를 넣어 끓이다가 소금과 후춧가루로 간을 맞춘 후 참기름을 두른다.

Ingredients

2인분 [20분]

재료

주꾸미 4마리
굵은소금 약간
무(2cm 길이) 1토막
홍고추·풋고추 1/2개씩
대파 1/4대
국간장(또는 참치 한스푼) 1
소금·후춧가루 약간씩
참기름 약간

대체 재료

주꾸미 ▶ 오징어(여름),
낙지(가을), 굴(겨울)

Cafe Owner's Tip

카페에서 주꾸미탕 내기

카페에서 준비할 때에는 대파를 넣어 끓이지 말고 국을 그릇에 담은 후 따로 준비해둔 대파를 띄워 내면 색깔도 맛도 향도 좋다. 또 주꾸미는 한꺼번에 손질하여 하루 분량씩 포장해서 사용하면 편리하다.

봄에 관한
기억

조개 미나리 무침

돌아가신 시아버님이 좋아하셨던 메뉴입니다. 더운 바람 불면 미나리는 맛이 없어진다고 하셔서 봄이 되면 꼭 밥상에 올렸던 메뉴예요.
생으로 무치기도 하고, 데쳐서 무치기도 하는데요, 아주 살짝만 데쳐야 질기지 않고, 양념을 과하게 하지 않아야 미나리 향이 산다고 말씀하셨었죠.
제 추억의 음식을 카페 손님들에게 대접합니다.

How to Cook

1. 조갯살 1컵은 소금물에 살살 흔들어 씻어 체에 건져 물기를 빼서 준비한다.

2. 미나리 1줌은 다듬어 먹기 좋은 길이로 썬다.

3. 양파 1/2개는 채썬다.

4. 고추장 2, 고춧가루 0.5, 다진 파 1, 다진 마늘 0.3, 식초 2, 설탕 1.5, 소금을 약간 섞어 양념장을 만든다.

5. 볼에 조갯살과 미나리, 양파를 담고 양념장을 살짝 끼얹어 가볍게 버무린다.

Ingredients

2인분 [20분]

주재료
조갯살 1컵
미나리 1줌
양파 1/2개
통깨 약간
소금 약간

양념장 재료
고추장 2
고춧가루 0.5
다진 파 1
다진 마늘 0.3
식초 2
설탕 1.5
소금 약간

대체 재료
미나리 ▶ 달래, 부추, 실파

Cafe Owner's Tip

입맛 돋우는 사계절 무침
봄 주꾸미, 조개, 미나리
여름 오징어, 골뱅이, 오이
가을 낙지, 한치, 미나리, 대파
겨울 북어, 대파

계절별 무침 재료로 활용 가능한 재료이다.

젓가락질
잘해야만
밥을
먹어요 ♪

콩조림

젓가락질이 서툰 사람들에게는 조금 괴로울 수 있지만
원 플레이트 메뉴에서는 꼭 필요한 콩 조림이에요. 검은색으로 반짝반짝 빛나니
원 플레이트의 포인트가 되고, 맛이 짭짤해 밥과 곁들여 먹으면 입맛 돋우니
영양이 풍부한 콩 반찬이라 단골로 담곤 해요.

How to Cook   **Ingredients**

8인분 [30분]

주재료
검은콩 1컵
물 2컵

양념 재료
간장 4
물엿 2
설탕 1
참기름 약간

> 콩을 물에 불려서 조리면 맛이 없으니 물에 씻어 바로 건져 조림을 만든다

1 검은콩 1컵은 물에 씻어 건진다.

2 기름기 없는 팬에 콩을 넣어 은근한 불로 콩이 익으면서 고소한 향이 나도록 볶는다.

 Cafe Owner's Tip

카페용 콩 조림
한꺼번에 많은 양을 만들 때는 국물이 끓어 넘치지 않도록 주의하고, 국물이 바짝 졸아서 바닥에 눌어붙어 타지 않도록 잘 살핀다.
콩 조림은 완전히 식혀서 밀폐용기에 담아 보관하고 필요할 때마다 덜어 먹어야 오래 보관할 수 있다.

> 콩 조림에 윤기가 흐르게 하려면 물엿을 넣어야 하는데, 너무 많이 넣으면 딱딱해질 수 있으니 물엿과 설탕을 섞어 넣어야 윤기도 나고 딱딱하지 않다

3 콩이 고소하게 볶아지면 물 2컵을 넣고 간장 4, 물엿 2를 넣어 졸인다.

4 콩이 부드럽게 익고 국물이 거의 졸아들면 설탕 1을 넣어 졸인다. 마지막에 참기름을 약간 넣어 섞는다.

카페에서
맛보면
더 색다른

두부 불고기 샐러드

가끔 카페를 찾는 외국인 손님에게 불고기는 따로 설명이 필요 없는 메뉴예요.
건강식으로 인기인 두부를 지져서 불고기에 곁들이니 카페 메뉴에도 잘 어울리고,
두부의 담백한 맛이 맛있게 양념된 불고기의 맛을 확 살려주기도 해요.

How to Cook

1. 두부 1모는 적당한 크기로 썰어 굵은소금을 살짝 뿌려 잠깐 두었다가 물기가 배어나오면 키친타월로 닦아낸다.

2. 달군 팬에 식용유를 두르고 두부를 넣고 앞뒤로 노릇하게 지진다.

3. 샐러드용 채소 1줌은 찬물에 여러 번 헹궈 물기를 빼고, 달래 1/3줌은 다듬어 씻어 3cm 길이로 썬다.

4. 간장 1, 맛술 1, 설탕 0.3, 다진 파 0.3, 다진 마늘 0.2, 후춧가루 약간을 한데 섞어 쇠고기에 넣고 조물조물 양념하여 간이 배면 팬에 넣어 달달 볶는다.

5. 씨겨자 1, 올리브오일 1, 식초 1, 설탕 0.5, 간장 0.5, 소금 약간을 한데 섞어 씨겨자 드레싱을 만든다.

6. 접시에 지진 두부와 불고기를 보기 좋게 담고 샐러드용 채소와 달래, 드레싱을 곁들인다.

Ingredients

2인분 [25분]

주재료
두부(부침용) 1모
굵은소금 약간
식용유 적당량
샐러드용 채소 1줌(60g)
달래 1/3줌(20g)
쇠고기(불고기용) 100g
소금 약간

불고기 양념 재료
간장 1
맛술 1
설탕 0.3
다진 파 0.3
다진 마늘 0.2
후춧가루 약간

씨겨자 드레싱 재료
씨겨자 1
올리브오일 1
식초 1
설탕 0.5
간장 0.5
소금 약간

Cafe Owner's Tip

두부 불고기 샐러드 세팅
바로 바로 만들기에는 시간이 너무 많이 걸리므로 두부는 미리 지져놓고 불고기는 그때그때 볶아서 내거나 익혀놓은 후 주문이 들어오면 전자레인지에 30초 정도 데워 낸다.

슬쩍
메뉴에 올린

칠리 소스와 참치 꼬치구이

새로운 메뉴를 세팅하는 날은 왠지 어릴 적에 시험을 보는 것처럼 긴장돼요.
손님이 드시고 난 접시를 보면 손님이 어떤 요리를 좋아했는지,
싫어했는지 알 수 있거든요. 그런데 항상 시험에 합격하는 메뉴가 있다면
꼬치구이예요. 채소든 고기든 해산물이든 누구나 좋아하는 메뉴인데요,
아마도 쏙쏙 빼 먹는 재미 때문이 아닐까 해요.

How to Cook

1. 큐빅 참치 통조림 1통은 체에 밭쳐 기름을 뺀다.

2. 마늘 14쪽은 물에 씻어 건져 물기를 뺀다.

3. 달군 팬에 식용유를 두르고 마늘을 넣어 노릇하게 볶은 후 소금으로 간한다.

4. 꼬치에 참치와 마늘을 번갈아 꿴다.

5. 케첩 2, 고추장 1, 맛술 1, 물 2, 다진 양파 2, 다진 파슬리 약간을 섞어 끓여 칠리 소스를 만들어서 꼬치에 골고루 바른다.

Ingredients

2인분 [20분]

주재료
큐빅 참치 통조림 1통
마늘 14쪽
식용유 적당량
소금 약간

칠리 소스 재료
케첩 2
고추장 1
맛술 1
물 2
다진 양파 2
다진 파슬리 약간

Cafe Owner's Tip

참치 꼬치구이 세팅
꼬치에 꿴 참치는 칠리 소스를 발라두었다가 주문이 들어오면 즉석에서 그릴이나 오븐에 살짝 굽는다.
꼬치는 완전히 눕히지 말고 다른 반찬에 기대어 약간 세우듯이 담으면 보기 좋게 세팅할 수 있다.

>> **one plate menu** S p r i n g

May

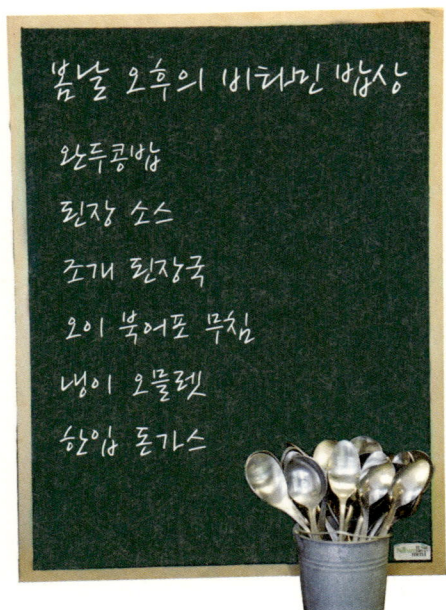

봄날 오후의 비타민 밥상

완두콩밥
된장 소스
조개 된장국
오이 북어포 무침
냉이 오믈렛
한입 돈가스

연둣빛
보석이
콕콕

완두콩밥

밥은 다른 어떤 반찬보다 중요한 메뉴예요.
김이 모락모락 나는 맛있는 밥 한 그릇이면 특별한 찬이 없어도 되니까요.
그래서 밥먹는 카페에서는 밥 메뉴에 신경을 많이 쓰고 있어요. 푸릇푸릇한 봄을
상징하는 연둣빛 완두콩이 오늘의 플레이트로 날아온 봄의 전령사예요.

How to Cook

1. 쌀 1컵은 물에 잘 씻어 30분 정도 불린다.

2. 완두콩 1/4컵은 물에 씻어 건진다.

> 냉동 완두콩을 이용해서 밥을 짓기도 하지만 통조림 완두콩은 이용하지 않는것이 좋다

3. 냄비에 쌀, 완두콩을 넣고 물 1컵을 부어 밥을 짓는다.

4. 밥이 뜸이 들면 주걱으로 가볍게 섞는다.

Ingredients

2인분 [20분]

재료
쌀 1컵
완두콩 1/4컵
물 1컵

 Cafe Owner's Tip

콩밥 짓기

껍질이 있는 완두콩은 껍질을 벗겨서 냉장 보관하면 싹이 틀 수 있으니 냉동 보관한다. 또 말리지 않은 콩은 씻어 그대로 사용하고, 말린 콩은 찬물에 불려서 밥에 넣어야 식감이 딱딱하지 않고 부드럽다. 특히 검은콩을 넣어 밥을 지을 때에는 불린 콩물을 버리지 말고 밥물로 사용하면 맛도 좋고 색도 예쁘게 낼 수 있다.

밥에
비비고

된장 소스

된장 소스를 준비하는 날은 반드시 메뉴를 설명해줘야 해요.
된장국 같기도 하고 자장 같기도 한 이 소스를 어찌 먹어야 할지 몰라,
설명을 하지 않으면 손님들이 밥과 된장 소스를 따로 먹다가 남기는 경우가 많거든요.
모양새는 카레인데 된장 맛이 너무 좋다며 레시피를 귀띔해달라는 그런
손님이 많은 날엔 카페가 갑자기 요리 교실이 되기도 해요.

How to Cook

1. 양송이버섯 2개, 표고버섯 2개, 호박 1/4개, 양파 1/4개는 먹기 좋은 크기로 썰고, 풋고추 1개는 씨째 송송 썬다.

2. 새우살 1/2컵은 엷은 소금물에 씻어 체에 밭쳐 물기를 뺀다.

3. 물 1컵을 끓여 된장 3과 고춧가루 0.5를 풀고 표고버섯과 양파를 넣어 끓인다.

4. 양파가 익으면 양송이버섯, 호박, 풋고추, 새우살을 넣고 5분 정도 끓인다.

5. 녹말가루 2와 물 2를 섞어 된장 소스에 부어 걸쭉하게 끓인 후 다진 마늘 1, 깨소금을 넣는다.

Ingredients

2인분 [30분]

주재료
밥 2공기
양송이버섯 2개
표고버섯 2개
호박 1/4개
양파 1/4개
풋고추 1개
새우살 1/2컵
굵은소금 약간
물 1컵

된장 소스 재료
된장 3
고춧가루 0.5
다진 마늘 1
깨소금 약간

녹말물 재료
녹말가루 2
물 2

Cafe Owner's Tip

카페에서 된장 소스 빨리 만들기

재료를 모두 잘라서 각각 볶아둔다. 재료별로 맛이 다르고 익는 시간이 다르기 때문에 번거롭더라도 각각 볶아서 완전히 식혀서 밀폐용기에 담아두면 금방 된장 소스를 만들 수 있다. 녹말을 풀어서 오래 두면 묽어질 수 있으니 그때그때 필요한 만큼만 녹말물을 만들어 걸쭉하게 농도를 맞춘다.

우 리
카 페 의
봄 국

조개 된장국

흔히 '봄 조개, 가을 낙지'라고들 하지요. 바지락은 일 년 내내 볼 수 있는 흔한 재료인 것 같지만 엄연히 철이 있어요. 살이 올라 더욱 쫄깃쫄깃하고 맛있는 봄이 제철이지요. 조개를 껍데기째 끓인 조개 된장국은 한국인이라면 누구나 좋아하는 메뉴이기도 하고 조개의 아미노산 성분 때문에 감칠맛이 나서 맛 내기도 쉽답니다.

How to Cook

1. 조개 1봉지는 엷은 소금물에 20분 정도 담가 해감한다.

2. 냉이 1줌은 다듬어 먹기 좋은 크기로 썬다.

3. 냄비에 물 4컵을 붓고 끓으면 된장 3을 잘 풀어넣고 끓인다.

중간 중간 뜨는 거품은 말끔히 걷어내야 맛이 개운하다

4. 국물이 끓으면 조개를 넣어 끓인다.

된장국은 된장으로 충분히 간을 맞춘 후 맛을 보아 싱거우면 소금으로 간한다

5. 조개 입이 벌어지면 냉이를 넣어 살짝 끓이다가 다진 파 2, 다진 마늘 0.5를 넣어 한소끔 끓이고 소금으로 간을 맞춘다.

Ingredients

2인분 [20분]

주재료
바지락 1봉지(100g)
굵은소금 약간
냉이 1줌(60g)
물 4컵
된장 3
다진 파 2
다진 마늘 0.5
소금 약간

Cafe Owner's Tip

계절별 된장국
봄 조개에 봄나물을 넣어 끓인다.
여름 풋고추, 애호박 등을 넉넉히 넣어 끓인다.
가을 새송이버섯, 표고버섯, 느타리버섯 등 버섯을 넣어 끓인다.
겨울 취나물, 시래기, 호박고지 등 마른 나물 등을 넣어 끓인다.

술 안 주 가
밥 반 찬 으 로

오이 북어포 무침

술안주로 먹던 골뱅이 무침에 골뱅이가 빠진 반찬 메뉴예요.
북어에 진한 양념을 하여 여러 가지 채소를 섞은 매콤한 무침이지요.
골뱅이 무침에 골뱅이가 주인공이라면, 오이 북어포 무침에는 북어가 주인공이에요.
주로 북엇국으로 끓여 먹던 북어의 심심한 맛을 제대로 활용할 수 있는 메뉴인데요,
무엇보다 밥반찬으로 최고랍니다.

How to Cook

북어 포를 구입해서 그대로 무치면 길이가 길어 플레이트에 담기 어렵다. 또 북어는 찬물에 오래 불리면 맛이 다 빠지니 찬물에 씻어 곧바로 건진다.

1. 북어포는 긴 것은 잘라서 먹기 좋게 손질하여 1줌을 준비하여, 찬물에 씻어 바로 건져 불린다.

2. 오이 1/2개는 씻어 반으로 갈라 어슷하게 썰고, 양파 1/6개는 채썰고, 깻잎 2장은 굵게 채썬다.

3. 고추장 2, 고춧가루 0.5, 식초 1.5, 설탕 0.5, 물엿 1, 맛술 0.5, 다진 파 1, 다진 마늘 0.5를 넣어 고추장 양념장을 만든다.

4. 북어포에 고추장 양념을 넣어 무친 후 오이, 양파를 넣어 무친다.

5. 깻잎을 넣어 버무린 후 참기름과 깨소금을 넣어 가볍게 무친다.

Ingredients

2인분 [20분]

주재료
북어포 1줌
오이 1/2개
양파 1/6개
깻잎 2장
참기름 · 깨소금 약간씩

고추장 양념 재료
고추장 2
고춧가루 0.5
식초 1.5
설탕 0.5
물엿 1
맛술 0.5
다진 파 1
다진 마늘 0.5

Cafe Owner's Tip

카페에서 오이 북어포 무침 내기

오이나 양파는 양념장에 미리 무쳐두면 절여져서 물이 생기고 숨이 죽는다. 북어포에 양념을 진하게 무쳐놓은 후 주문이 들어오면 오이와 양파를 넣고 참기름, 깨소금을 넣어 버무린 후 깻잎을 넣어 담으면 된다.

달걀 말 이
보 다
특 별 한

냉이 오믈렛

밥먹는 카페에 자주 등장하는 메뉴는 달걀 요리예요.
찌고 삶고 조리고 부쳐 손님상에 내는데, 어느 것 하나 인기 없는 메뉴가 없어요.
오믈렛은 뭔가 특별한 것이 들어간 두툼한 요리를 연상하게 하지요.
서양에서는 오믈렛이 달걀 요리를 통칭한다고 하니
우리의 달걀말이도 서양에서는 한국식 오믈렛이 되겠지요.

How to Cook

달걀을 완전히 풀어서 양념을 넣어야 골고루 잘 섞인다

1. 달걀 3개는 풀어 맛술 1, 소금 0.3, 통깨 0.3을 넣어 고루 섞는다.

2. 냉이 1/2줌은 뿌리 쪽의 흙을 잘 다듬어 씻어 굵게 다진다.

3. 달걀에 냉이를 넣어 고루 섞는다.

4. 달군 팬에 식용유를 두르고 달걀물을 넣어 스크램블하듯이 센 불에서 익힌 후 달걀이 반쯤 익으면 앞뒤로 뒤집어 가며 은근한 불로 속까지 익힌다.

5. 냉이 오믈렛을 먹기 좋은 크기로 썬다.

Ingredients

2인분 [20분]

주재료
달걀 3개
냉이 1/2줌
식용유 적당량

달걀 양념 재료
맛술 1
소금 0.3
통깨 0.3

대체 재료
냉이 ▶ 달래, 시금치

Cafe Owner's Tip

카페의 달걀 요리

달걀에 콜레스테롤이 많다는 이유로 섭취를 기피하는 사람도 있는데 크게 걱정하지 않아도 된다. 달걀노른자의 레시틴 성분이 콜레스테롤의 흡수를 방해하여 콜레스테롤 수치 상승을 막아주기 때문이다. 그래서 밥먹는 카페에서는 달걀말이, 달걀 프라이, 달걀 오믈렛 등의 달걀 요리를 자주 만든다.

아이처럼,
급식 반찬

한입 돈가스

원 플레이트 메뉴로 올린 튀김이나 전은 누구에게나 인기예요. 다이어트 중인 사람들도 유혹을 참지 못하고 먹게 되는 메뉴이지요. 이것저것 올려야 하는 플레이트에는 튀김이나 전도 작은 크기로 담아야 하니 돼지고기 안심을 이용해 미니 돈가스를 만들어봤어요. 채소를 곁들이면 더욱 건강해져요.

How to Cook

1. 돼지고기 안심 200g은 0.5cm 두께로 썰어 소금과 후춧가루를 뿌린다.

2. 달걀 2개는 곱게 풀고, 밀가루 1/2컵, 빵가루 2컵을 준비한다.

3. 밑간한 돼지고기 안심에 밀가루, 달걀물, 빵가루 순으로 튀김옷을 입힌다.

4. 170℃의 튀김기름에 돼지고기 안심을 넣어 노릇하게 튀겨 접시에 담고, 타르타르 소스를 만들어 돈가스에 곁들인다.

 Ingredients

2인분 [30분]

주재료
돼지고기(안심) 200g
소금·후춧가루 약간씩
달걀 2개
밀가루 1/2컵
빵가루 2컵
식용유 적당량

타르타르 소스 재료
마요네즈 1/4컵
레몬즙 1
다진 양파 1
다진 피클 0.5

대체 재료
타르타르 소스
▶ 시판 돈가스 소스

 Cafe Owner's Tip

카페에서 오븐으로 튀김하기

오픈키친 스타일의 카페에서 튀김 요리를 하면 냄새 때문에 손님들에게 안 좋은 인상을 줄 수 있다. 이럴 때는 오븐으로 돈가스를 만들면 된다. 또 빵가루를 그대로 사용하지 말고 빵가루에 기름을 섞어 촉촉하게 만들어 밀가루, 달걀물, 빵가루 순으로 튀김옷을 입혀 200℃로 예열한 오븐에서 8~10분간 구우면 된다. 튀김옷을 입힌 돈가스는 넓은 팬에 가지런히 담고 그 위에 랩을 깐 후 다시 가지런히 담아야 붙지 않고 바로바로 튀겨낼 수 있다.

>> **one plate menu** Summer

June

여름이 보내 온 선물

닭고기 찹쌀밥
미역 냉국
채소 초고추장 무침
가지 튀김
양파 간장 피클
장떡

후다닥 닭
보양식

닭고기 찹쌀밥

일본으로 여행 가면 꼭 맛보는 밥 요리예요. 백화점 식품 코너에서
여러 가지 밥을 판매하는데요, 그중에서 우리나라 약식처럼 생긴 찹쌀밥이
가장 많더라고요. 간장으로 간을 하여 짭짤하면서도 달콤한 맛이
반찬 없이 먹어도 든든한 여름 보양식이 되어주지요.

How to Cook

1. 찹쌀 1컵은 깨끗이 씻어 2시간 이상 물에 불린 후 체에 밭쳐 물기를 뺀 다음 찜통에 면보자기를 깔고 30분 정도 찐다.

2. 닭 다리 1개는 뼈를 발라내고 한입 크기로 썰어 소금, 후춧가루를 뿌려 밑간한 후 녹말가루 2를 골고루 입힌다.

3. 마른 표고버섯 2개는 미지근한 물에 불려서 기둥을 떼어 굵게 다지고, 연근 1/8개, 당근 1/8개는 껍질을 벗겨 굵게 다지고, 톳 1은 물에 불려 물기를 뺀다.

4. 팬에 닭고기를 넣어 앞뒤로 노릇하게 굽고 표고버섯, 연근, 당근, 톳을 넣어 볶다가 간장 1.5, 설탕 1, 맛술 2, 소금 0.3, 물 1컵과 다시마 1장을 넣어 조리듯이 끓인다.

5. 버섯과 채소에 간이 배고 양념이 절반 정도 줄면 국물만 따라내어 찰밥에 고루 섞는다.

6. 양념한 밥에 버섯과 채소를 넣어 섞은 후 김이 오른 찜통에 넣어 10분 정도 찐다.

Ingredients

2인분 [30분]

주재료
찹쌀 1컵
닭 다리 1개
소금·후춧가루 약간씩
녹말가루 2
마른 표고버섯 2개
연근 1/8개
당근 1/8개
마른 톳 1(3g)
다시마(7×5cm) 1장

양념 재료
간장 1.5
설탕 1
맛술 2
소금 0.3
물 1컵

대체 재료
찹쌀 ▶ 찹쌀과 멥쌀을 1:1로 섞어서 사용

Cafe Owner's Tip

카페에서 별미밥 내기

밥먹는 카페에서는 항상 밥에 대한 고민을 많이 한다. '맛있는 밥 한 그릇'만 있어도 반찬이 필요 없기 때문. 대부분의 사람들이 집에서는 흰밥을 주로 먹기 때문에, 카페에서는 여러 가지 잡곡이나 채소, 고기 등을 양념하여 넣은 별미밥을 많이 만든다.

**여름맞이
다이어트용
국**

미역 냉국

미역은 식이섬유가 풍부하여 변비를 해소하고 혈압을 내려주어 생활습관형 질병과 비만을 예방하는 데도 효과적인 해조류예요. 특히 고기나 생선 같은 산성 식품과 함께 먹으면 산도를 중화시켜주는 역할도 하고요. 밥먹는 카페에서도 다이어트로 고민하는 손님들에게 권하는 국물 요리예요.

How to Cook

1. 오이 1/2개는 껍질째 씻어 곱게 채썬다.

2. 마른미역 1/4컵은 물에 불린 후 끓는 물에 살짝 데쳐 물기를 꼭 짠다.

3. 미역에 다진 마늘 0.3, 국간장 0.5, 고춧가루 0.3, 깨소금과 참기름을 약간씩 넣어 바락바락 주물러 간이 배도록 한다.

4. 물 2컵을 팔팔 끓여 식혀 국간장 1, 설탕 1, 식초 2, 소금 0.3을 넣고 간을 맞추어 냉장고에서 차게 식힌다.

5. 그릇에 양념한 미역과 채썬 오이를 담고 차가운 냉국물을 붓는다.

Ingredients

2인분 [20분]

주재료
오이 1/2개
마른미역 1/4컵

미역 양념 재료
다진 마늘 0.3
국간장(또는 참치 한스푼) 0.5
고춧가루 0.3
깨소금·참기름 약간씩

국물 재료
물 2컵
국간장 1
설탕 1
식초 2
소금 0.3

Cafe Owner's Tip

카페에서 시원한 냉국 담기
제빙기의 얼음을 냉국 그릇에 두세 개 담고 미역 냉국을 담으면 먹는 내내 시원하다.

무더위
잡는 신맛

채소 초고추장 무침

여름철에는 어떤 채소를 쓸지 걱정하지 않아도 됩니다. 상추, 깻잎, 미나리 등 이런저런 쌈채소가 너무너무 많거든요. 또 카페 앞 화분에 만들어둔 텃밭에도 채소들이 자라고 있어 급할 때에는 한몫합니다. 쑥쑥 크는 채소를 보면서 햇볕과 물이 얼마나 소중한지 감사한 마음을 다시금 확인하기도 하지요.

How to Cook

1. 돌미나리 1줌은 다듬어 씻어 4cm 길이로 썬다.

2. 오이 1/4개는 4cm 길이로 잘라 반으로 갈라 씨를 빼고 0.5cm 두께로 썰어 소금에 살짝 절여 아삭해지면 손으로 물기를 꼭 짠다.

3. 홍고추 1/2개는 어슷하게 썬다.

4. 고추장 2, 식초 1.5, 고춧가루 0.5, 설탕 1, 다진 파 1, 다진 마늘 0.5, 깨소금 약간을 섞어 초고추장을 만든다.

5. 채소에 초고추장 양념장을 넣어 고루 버무린다.

Ingredients

2인분 [20분]

재료
돌미나리 1줌(80g)
오이 1/4개
소금 약간
홍고추 1/2개

초고추장 재료
고추장 2
식초 1.5
고춧가루 0.5
설탕 1
다진 파 1
다진 마늘 0.5
깨소금 약간

 Cafe Owner's Tip

김치를 대신할 메뉴 찾기

냄새 때문에 김치를 내지 않는 밥먹는 카페에서 늘 하는 고민은 김치를 대신할 메뉴를 내는 일이다. 가장 자주 사용하는 것은 겉절이와 초무침. 초고추장은 계절에 따라 매실, 유자, 오미자 등을 넣어 만든다.

가지의
참맛에 눈을
뜬 여름

가지 튀김

어릴 적 엄마가 무쳐준 가지 나물은 물렁거리는데다, 또 밥 위에 넣고 쪄서
종종 밥풀이 붙어 있었던 게 기억납니다. 그래서인지 가지가 맛있다는 생각을
하지 못했던 것 같아요. 하지만 다양한 가지 요리를 배우고 만들면서
여름 가지가 얼마나 맛있는 재료인지 알게 되었어요. 가지 튀김을 하는 날이면
손님상에 오르기도 전에 제가 더 많이 먹어치우곤 한답니다.

How to Cook

1. 가지 1/2개는 어슷하게 썬다.

2. 배추김치 1컵은 다져 김치 국물을 꼭 짠다.

3. 새우살 1/2줌은 곱게 다져 간장과 다진 마늘, 후춧가루를 약간씩 넣어 양념하고 다진 배추김치와 섞는다.

4. 가지에 튀김가루를 골고루 묻힌 후 ③을 채워 가지를 덮는다.

5. 튀김가루에 물을 넣어 걸쭉하게 반죽하여 가지에 묻힌 후 170℃의 튀김 기름에서 노릇하게 튀긴다.

Ingredients

2인분 [30분]

주재료
가지 1/2개
배추김치 1컵(50g)
새우살 1/2줌(50g)
튀김가루 적당량
식용유 적당량

돼지고기 밑간 재료
간장 약간
다진 마늘 약간
후춧가루 약간
녹말가루 약간

대체 재료
새우살 ▶ 돼지고기, 닭고기, 흰살 생선
배추김치 ▶ 다진 채소

Cafe Owner's Tip

가지 튀기기
가지는 스펀지와 같은 상태의 식재료라서 튀기거나 볶으면 식물성 기름에 다량 함유되어 있는 비타민 E를 효율적으로 섭취할 수 있다. 가지 속을 채워 만들어 오래 두면 소 재료의 소금기로 가지가 절어 물이 생겨 튀기기 쉽지 않으니 튀기기 전에 만든다.

오이피클
보다
맛있는

양파 간장 피클

봄이면 남쪽에서 양파 농사를 짓는 지인이 양파를 한 자루씩 보내주시곤 해요.
햇양파는 맵다기보다는 달콤하다고 해야 더 가까울 거예요. 이 아름다운 맛을
여름내 맛보려면 간장이나 소금에 절인 피클을 부지런히 만들어둬야 해요.
양파 철에 담가두면 카페 반찬에 지대한 공헌을 한답니다.

How to Cook

1. 양파 4개는 깨끗이 씻어 껍질을 벗기고 손가락 마디 크기로 썰어 유리 용기에 담는다.

2. 홍고추 1개, 풋고추 1개는 어슷하게 썬다.

3. 다시마 1장은 마른 면보자기나 키친타월로 먼지를 닦아낸다.

4. 냄비에 다시마, 간장 1컵, 물 1/2컵, 식초 1/4컵, 설탕 4를 넣어 팔팔 끓여 뜨거울 때 유리 용기에 붓는다.

5. 간장물의 뜨거운 김이 날아가면 뚜껑을 덮어 냉장보관한다.

 Ingredients

8인분 [20분]

주재료
양파 4개
홍고추 1개
풋고추 1개
다시마(5×5cm) 1장

간장물 재료
간장 1컵
물 1/2컵
식초 1/4컵
설탕 4

 Cafe Owner's Tip

카페용 양파 피클 보관
한꺼번에 많은 양을 담을 때는 양파를 통째 넣어 만들면 오래 보관할 수 있다. 양파가 간장물에 잘 절면 잘라서 담으면 된다.
먹고 남은 간장물은 다른 간장 피클을 담을 때 간장, 식초, 설탕을 넣어 진하게 끓여 재활용해도 좋다.

여름 채소의
기를
살려주는

장
떡

지글지글 지진 기름진 음식은 더운 여름을 더 덥게 만들 것 같지만, 실은 그렇지 않답니다. 비가 많이 내린 여름 어느 날 체온이 떨어졌을 때 기름진 전이 생각나기도 하거든요. 장떡은 고추장으로 반죽하여 그 매콤함이 장마철에 딱 어울리는 재료이지요. 고추장만으로도 다른 전과 달리 정성이 많이 들어간 특별한 전이에요.

How to Cook

1. 풋고추 2개는 꼭지를 떼고 씨째 다진다.

2. 깻잎 10장은 꼭지를 잘라내고 굵게 다진다.

3. 볼에 부침가루 1/2컵을 담고 물 2/3컵을 부어 멍울 없이 잘 풀어 고추장 1, 소금 약간을 넣어 고루 섞는다.

4. 반죽에 풋고추와 깻잎을 넣어 잘 섞는다.

5. 팬에 식용유를 두르고 달군 다음 반죽을 한 숟가락씩 떠넣어 노릇하게 지진다.

Ingredients

2인분 [20분]

재료
풋고추 2개
깻잎 10장
부침가루 1/2컵
물 2/3컵
고추장 1
소금 약간
식용유 적당량

대체 재료
풋고추, 깻잎 ▶ 호박, 부추, 미나리, 양파

Cafe Owner's Tip

카페에서 남은 재료 응용하기

여러 가지 채소를 사용하다 보면 조금씩 남을 때가 많다. 이때에는 장떡이나 전 등으로 활용하면 남은 채소도 효율적으로 활용할 수 있다. 곱게 다지거나 채썰어서 장떡이나 채소전을 만들거나 오징어, 새우살 등을 넣은 해물전 등으로 내도 좋다.

>> **one plate menu** Summer

July

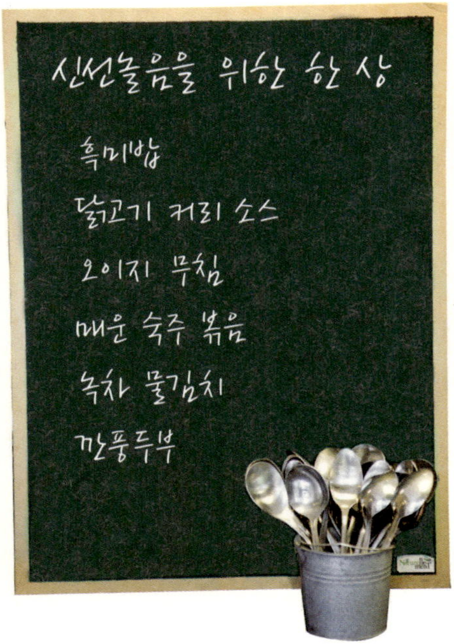

신선놀음을 위한 한 상

흑미밥
닭고기 커리 소스
오이지 무침
매운 숙주 볶음
녹차 물김치
깐풍두부

까만 밥이
콕콕

흑미밥

아침에 카페 오픈을 준비하면서 가장 먼저 하는 일은 쌀을 씻어
30분쯤 불려 밥솥에 안쳐 밥을 짓는 거예요. 그러면 다른 일을 하는 동안
밥 익는 냄새가 솔솔 나요. 시계를 보지 않아도 손님들이 올 시간이 되었다는 것을
알 수 있어요. 매일매일 똑같은 밥 냄새가 그렇게 좋을 수가 없어요.
밥 없이는 살 수 없는 어쩔 수 없는 한국인인가봐요.

How to Cook

쌀을 깨끗하게 씻지 않으면 밥맛이 없고 여름철에는 밥이 쉽게 상한다

1. 쌀 1컵에 흑미 1을 넣어 쌀에서 맑은 물이 나오도록 깨끗이 씻어 30분 정도 불린다.

2. 냄비에 불린 쌀과 물 1컵을 넣어 밥을 짓는다.

밥이 다 지어지면 바로 먹지 않을 때에도 꼭 주걱으로 섞어둬야 한다 그러지 않으면 밥이 떡처럼 한 덩어리로 뭉쳐진다

3. 뜸이 들면 주걱으로 섞는다.

Ingredients

2인분 [20분]

재료
쌀 1컵
흑미 1
물 1컵

Cafe Owner's Tip

카페에서 밥 짓기

카페에서는 20인분을 지을 수 있는 전기밥솥을 사용한다. 밥도 되고 보온도 되니 밥이 다 지어지면 잘 섞어서 보온 버튼을 누른다. 그러나 급하게 밥을 해야 할 때에는 전기밥솥은 시간이 걸리므로 압력솥에 밥을 짓는다. 김밥이나 볶음밥, 초밥 등의 메뉴가 있을 때에는 전기밥솥을, 영양밥이나 찹쌀, 현미, 잡곡을 넣은 밥은 압력솥을 이용하면 차지고 부드럽게 밥을 지을 수 있다.

오늘은
커리
먹는 날

닭고기 커리 소스

커리는 우리의 청국장 같다고 할까요. 아무리 냄새를 숨기려고 해도
커리를 하는 날에는 카페 문을 여는 순간 손님들이 먼저 "오늘 메뉴는 커리네" 하면서
입가에 미소를 지어요. 우리나라 음식은 아니지만 많은 사람이
우리의 음식처럼 친근해하고 좋아하는 메뉴입니다.

How to Cook

1 닭고기 4조각은 안심으로 준비해 먹기 좋은 크기로 썰어 소금, 후춧가루를 뿌려 10분 정도 밑간한다.

2 양배추 2장, 양파 1/4개, 당근 1/6개, 피망 1/4개는 먹기 좋은 크기로 썬다.

3 냄비에 식용유를 두르고 다진 마늘 1을 넣어 향이 나도록 볶는다.

Ingredients

2인분 [30분]

재료
닭고기(안심) 4조각
소금·후춧가루 약간씩
양배추 2장
양파 1/4개
당근 1/6개
피망 1/4개
식용유(또는 버터) 적당량
다진 마늘 1
물 2컵
카레가루 3
소금·후춧가루 약간씩

4 마늘 향이 나면 닭고기를 넣어 볶다가 닭고기가 살짝 익으면 양배추와 양파, 당근을 넣어 볶는다.

5 물 2컵을 붓고 끓이다가 카레가루 3을 넣어 저어가며 끓인다. 닭고기가 익으면 피망을 넣고 소금, 후춧가루로 간한다.

Cafe Owner's Tip

커리 만들기
커리는 양을 넉넉히 해야
맛있는 대표적인 요리이다.
매일매일 소량씩 끓이는
것보다 넉넉히 끓여서
하루 정도 두었다가
사용해도 된다.
끓인 커리는 완전히 식혀
밀폐용기에 보관하면
되는데 푸른색 채소는
함께 끓이지 말고
그날그날 데울 때 넣는다.

핫한 카페의
힙한 반찬

오이지 무침

여름철 찬물에 밥 말아서 오이지 무침 하나만 곁들여도 입맛이 돌아
밥 한 그릇 뚝딱 해치우게 됩니다. 카페와 오이지는 별스런 궁합 같기도 하지만
무척 잘 어울려요. 오이지를 썰어 고춧가루를 넣고 조물조물 무쳐
참기름 한 방울에 통깨를 솔솔 뿌리면 어느 반찬보다도 군침을 돌게 하지요.
투명한 작은 유리 볼에 담으면 반짝반짝 빛이 나는 오이지 무침입니다.

How to Cook

1. 오이지 2개는 얇게 썬다.

2. 오이지를 찬물에 5분 정도 담갔다가 건져 물기를 꼭 짠다.

> 시중에 판매하는 오이지는 제품에 따라 짠맛이 다르므로 물에 담갔다가 싱거우면 소금으로 간한다

3. 오이지에 고춧가루 0.3, 설탕 약간, 참기름 1, 통깨 0.5를 넣어 조물조물 무친다.

Ingredients

8인분 [10분]

재료
오이지 2개
고춧가루 0.3
설탕 약간
참기름 1
통깨 0.5

Cafe Owner's Tip

오이지 담기

오이는 여름철에 날씬한 조선오이로 준비하여 물과 소금을 13:1의 비율로 섞어 팔팔 끓여 오이에 부어 무거운 것으로 눌러둔다. 일주일 정도 지나면 먹을 수 있는데 오래 보관하기 위해서는 일주일 정도 후에 소금물을 따라 다시 끓여서 식힌 후 오이에 붓는다.

손님과
주인,
모두에게
효자 반찬

매운 숙주 볶음

여름에는 요리하는 일만큼 먹는 것도 귀찮은 일 중 하나입니다.
그래서 여름에는 시원한 곳에서 누가 해주는 밥을 먹는 것이 크나큰 행복일 테지요.
그런 분들에게 숙주를 매콤하게 볶아드리면 잃어버린 입맛도 되찾으시고
저렴한 숙주로 생색도 낼 수 있으니 카페 주인장에겐 힘나는 요리입니다.

How to Cook

1. 숙주 2줌은 깨끗이 씻어 다듬는다.

2. 마늘 1쪽은 굵게 다져 고추기름을 두른 팬에 볶아 향을 낸다.

3. 숙주를 팬에 넣어 센 불로 볶는다.

4. 굴소스 1로 간을 맞춘다.

5. 잔멸치 1을 넣고 가볍게 볶은 후 후춧가루, 통깨, 검은깨를 약간씩 뿌린다.

Ingredients

2인분 [10분]

재료
숙주 2줌(150g)
마늘 1쪽
고추기름 적당량
굴소스 1
잔멸치(또는 멸치가루) 1
후춧가루 약간
통깨 약간
검은깨 약간

대체 재료
굴소스 ▶ 간장과 소금을 섞어서 사용

Cafe Owner's Tip

숙주 보관하기
숙주는 수분이 많아서 여름철에 쉽게 상한다. 그러므로 숙주는 씻지 말고 물기 없이 보관하고 바로 요리할 숙주가 아니라면 데쳐서 냉장 보관하거나 냉동 보관했다가 육개장이나 닭개장 등에 넣어 끓인다.

간편 양념 이용하기
멸치가루, 표고버섯가루, 다시마가루를 직접 만들어 사용하면 좋지만, 바쁠 때는 시판 제품을 이용하는 것도 방법이다. 100% 원물로만 만든 맛내기 양념을 추천한다. 쇠고기와 멸치 2가지 제품으로 판매된다.

집 밖에서
맛보는
이색 김치

녹차 물김치

카페를 운영하는 동시에, 손이 많이 가고 보관 기간이 짧은 녹차 물김치를 손님상에 내는 것은 어쩌면 힘든 일일 수도 있지만 우리 카페만의 특별함으로 차별화를 줄 수도 있어요. 요즘 카페 손님들은 메뉴를 맛으로만 평가하는 것이 아니라 특별한 요리를 맛보고 경험하는 것을 더 좋아해요. 그런 메뉴로는 녹차 물김치가 제격이에요.

How to Cook

1. 녹차 2는 미지근한 물 15컵을 세 번 정도 나누어 우려서 녹차 우린 물을 만들어 식힌다.

2. 배추속대 150g, 무 1토막은 먹기 좋은 크기로 썰고, 미나리 1/2줌, 실파 5뿌리는 3cm 길이로 썬다.

3. 홍고추 1개는 반으로 갈라 씨를 빼고 어슷하게 썰고, 오이 1개와 사과 1개는 납작하게 썬다.

4. 녹차 우린 물 일부에 배 1/4개, 양파 1개, 생강 1/4톨, 마늘 4쪽, 풋고추 10개를 큼직하게 썰어 믹서에 넣어 곱게 갈아서 체에 거른다.

5. 물 1컵에 찹쌀가루 2를 넣어 풀로 쑤어 식힌다.

6. 나머지 녹차 우린 물에 식힌 찹쌀풀과 ④의 양념을 넣어 섞고 설탕 0.3, 볶은 소금 5~60을 넣어 간을 맞춘다. 준비한 재료를 넣어 하루 정도 익혀 맛이 들면 오이, 녹차가루 1을 풀어넣고 냉장 보관한다.

Ingredients

2인분 [1시간]

주재료
배추 속대 150g
무(2cm 길이) 1토막(150g)
미나리 1/2줌(25g)
실파 5뿌리(25g)
홍고추 1개
오이 1개
사과 1개
배 1/4개(100g)
양파 1개(100g)
생강 1/4톨(8g)
마늘 4쪽(20g)
풋고추 10개(250g)
설탕 0.3
볶은 소금 5~6
녹차가루 1

녹차 우린 물 재료
녹차 2(15g)
물 15컵

찹쌀풀 재료
물 1컵
찹쌀가루 2

Cafe Owner's Tip

물김치 보관하기

물김치는 오래 보관해서 먹으면 맛이 덜하다. 한꺼번에 많이 만들어 두지 말고 하루 정도 지나 맛이 들면 바로 냉장 보관했다가 일주일 정도 안에 먹는 것이 좋다.

기분 좋은
포만감

깐풍두부

일주일에 한 번씩 메뉴가 바뀌는 밥먹는 카페에는 오늘은 어떤 메뉴가 나올까, 기대하는 손님들이 많아요. 일주일에 한 번씩 빠지지 않고 오시는 분들이 많아서 메뉴 구성에 더욱 신경을 쓰게 됩니다. 비슷비슷한 재료로 다른 요리를 만들어야 하기 때문에 고민하던 중 만들어낸 메뉴가 깐풍두부예요.

How to Cook

1. 두부 1모는 1cm 두께에 사방 3cm 크기로 썰어 물기를 제거한다.

2. 두부에 소금을 살짝 뿌린 다음 녹말가루 1/4컵을 고루 묻혀 170℃로 달군 식용유에 두부를 넣어 노릇하게 튀긴다.

3. 양파 1/4개, 피망 1/2개, 빨강 피망 1/2개, 표고버섯 1개는 사방 1cm 크기로 썰고, 팽이버섯 1/2봉지는 밑동을 잘라내고 1cm 길이로 썬다.

4. 마늘 1쪽과 대파 1/4대는 굵게 다지고, 마른 고추 1개는 1cm 두께로 썰어 씨를 뺀다.

5. 팬에 고추기름 2를 두르고 마늘, 대파, 마른 고추를 넣어 볶다가 간장 0.5를 넣어 볶으면서 양파, 피망, 표고버섯을 넣고 볶는다.

6. 물 1/2컵을 부어 끓으면 설탕 0.5, 식초 0.5, 소금과 후춧가루를 약간씩 넣어 간한 다음 두부와 팽이버섯을 넣어 버무리고 참기름 0.5를 뿌려 살짝 섞는다.

Ingredients

2인분 [30분]

주재료
두부(부침용) 1모
소금 약간
녹말가루 1/4컵
식용유 적당량
양파 1/4개
피망 1/2개
빨강 피망 1/2개
표고버섯 1개
팽이버섯 1/2봉지
마늘 1쪽
대파 1/4대
마른 고추 1개
물 1/2컵

양념 재료
고추기름 2
간장 0.5
설탕·식초 0.5씩
소금·후춧가루 약간씩
참기름 0.5

Cafe Owner's Tip

녹말 공부하기
튀김옷이나 소스 농도를 맞추는 용도로 주로 사용하는 녹말은 여러 종류가 있다. 일반적으로 과자나 케이크에는 옥수수 녹말을, 요리에는 감자 녹말이나 고구마 녹말을 사용한다. 감자 녹말은 고구마 녹말보다 튀겼을 때 더 바삭하고, 소스의 농도도 더 맑고 투명하다.

>> **one plate menu** S u m m e r

August

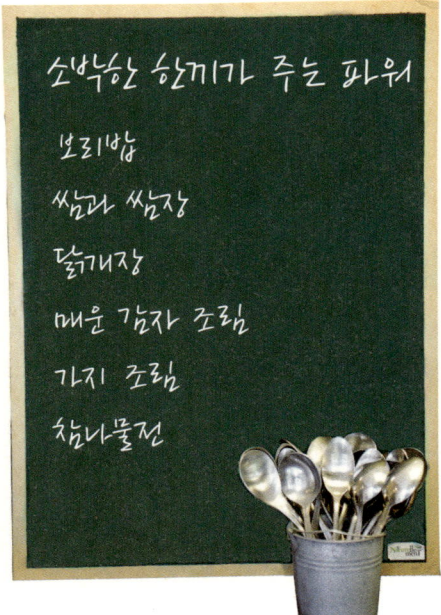

소박한 한끼가 주는 파워

보리밥
쌈과 쌈장
닭개장
매운 감자 조림
가지 조림
참나물전

밥 먹는
카페의
여름 밥

보리밥

여름철에는 열무김치를 넣어 쓱쓱 비벼 먹는 보리밥 한 그릇이 보양식입니다.
입안에서 까실까실 걸도는 느낌 때문에 보리밥을 사양하는 사람도 있지만
밥먹는 카페에서는 여름철 메뉴로 피해 갈 수 없어요.
다양한 채소와 쌈장을 곁들이니 이보다 더 좋은 보양식이 또 있을까 싶어요.

How to Cook

> 여름 더위에 쌀을 잘못 보관하면 쌀벌레가 생기기 쉽다. 쌀벌레가 생기면 쌀에 수분이 없어져 밥맛이 없어지므로 쌀은 통풍이 잘 되고 서늘한 곳에 보관한다.

1 쌀 1컵과 보리 1/4컵을 섞어 깨끗이 씻는다.

2 씻은 쌀과 보리는 물에 30분 정도 불린다.

> 쌀의 양을 줄이고 보리의 양을 늘려도 된다.

3 불린 쌀과 보리에 물 1+1/4컵을 넣어 밥을 짓는다.

4 밥에 뜸이 들면 주걱으로 섞는다.

Ingredients

2인분 [20분]

재료
쌀 1컵
보리 1/4컵
물 1+1/4컵

Cafe Owner's Tip

보리밥과 쌀밥 함께 준비하기
보리밥을 먹지 못하는 손님이 있을 수도 있으니 약간의 쌀밥도 준비하는 게 좋다.
주문을 받을 때 오늘의 밥이 보리밥임을 알리고 쌀밥을 원하는지 묻는다.

우리 모두의
여름 별미

쌈과 쌈장

보리밥에 쌈, 쌈장을 밥먹는 카페의 메뉴로 구성하자고 했을 때 의견이 분분했어요.
"젊은 사람들은 쌈밥을 싫어한다", "싸먹기 귀찮다", "손 닦는 수건을 주어야 할까,
말아야 할까" 등. 우여곡절 끝에 메뉴를 선보였는데 그달의 인기 메뉴가 되었어요.
젓가락으로도 싸서 먹기 좋은 크기의 쌈을 준비하니 그야말로 모두가 좋아하는 쌈밥이요.

How to Cook

1. 굵은 멸치 3~4개와 양파 1/4개, 풋고추 2개는 굵게 다진다.

2. 쌈채소는 깻잎, 양배추, 쌈배추 등으로 준비하여 물에 씻어 체에 밭쳐 물기를 뺀다.

3. 팬에 식용유를 두르고 다진 멸치를 넣어 볶다가 양파와 풋고추를 넣어 볶는다.

4. 쌈장 재료인 된장 2, 고춧가루 0.5, 다진 마늘 0.5, 물 1컵을 넣어 끓인다.

5. 국물이 끓으면 녹말물 1을 넣어 걸쭉하게 농도를 맞추고 쌈채소와 밥, 쌈장을 곁들여 낸다.

Ingredients

2인분 [30분]

주재료
굵은 멸치 3~4개
양파 1/4개
풋고추 2개
쌈채소 2줌
식용유 약간
녹말물 1
밥 2공기

쌈장 재료
된장 2
고춧가루 0.5
다진 마늘 0.5
물 1컵

Cafe Owner's Tip

카페에서 쌈장 만들기

많은 양의 쌈장을 만들 때에는 멸치나 새우 등을 섞어 커터기에 갈아서 볶지 않고 냄비에 담고 물을 부어 끓인 후 북어 대가리나 다시마 등을 넣어 국물을 우려 건져낸다. 된장을 풀고 갈아놓은 멸치나 새우를 넣은 후 양파, 풋고추 등의 채소를 넣고 끓여 사용할 만큼씩 덜어서 끓인 후 상에 내기 전에 녹말을 풀어서 걸쭉하게 농도를 맞춘다.

카페풍
여름
보양식

닭개장

닭은 여름철 메뉴로 빠지지 않는 재료입니다. 다른 육류에 비해 지방과 콜레스테롤이 낮고 단백질은 높은 건강식품이지요. 닭개장은 손이 많이 가는 메뉴라 자주 요리하기는 여러모로 번거롭지만 여름 복날에 닭개장을 하면 손님들이 너무 좋아해주셔서요, 빼먹을 수가 없는 메뉴랍니다.

How to Cook

냄비에 닭 1마리와 물 10컵을 넣고 양파 1개, 마늘 3쪽, 생강 1톨, 통후추 5알을 넣어 팔팔 끓으면 은근한 불에서 1시간 정도 삶은 후 닭을 건져 살만 발라낸다.

닭 삶은 국물은 베보자기나 고운체에 받쳐 맑은 국물을 받고 건더기는 버린다.

대파 3대는 5cm 길이로 채썰고, 불린 고사리 1줌은 먹기 좋게 썰고, 느타리버섯 1팩은 손으로 찢는다.

고춧가루 4, 굴소스 1, 다진 마늘 2, 다진 생강 0.3, 참기름 0.5를 한데 섞어 양념을 만든 후 닭고기 살에 넣어 무친다.

걸러놓은 국물을 끓여 닭고기와 대파, 고사리, 느타리버섯을 넣어 끓인다.

국물의 맛이 우러나면 소금, 후춧가루로 간한다.

Ingredients

8인분 [1시간]

주재료
닭 1마리
물 10컵
양파 1개
마늘 3쪽
생강 1톨
통후추 5알
대파 3대
불린 고사리 1줌(100g)
느타리버섯 1팩

양념 재료
고춧가루 4
굴소스 1
다진 마늘 2
다진 생강 0.3
참기름 0.5
소금·후춧가루 약간씩

Cafe Owner's Tip

카페에서 육수 끓이기
닭 육수는 한꺼번에 만들어 살만 발라 양념하여 1회 분량씩 포장해 냉장 또는 냉동 보관한다. 육수는 진하게 끓여 지퍼팩에 담아 보관했다가 물을 넣어 희석해서 사용한다.

무 더 위 와
매 운 맛 전 쟁

매운 감자 조림

감자를 먹으면 나병에 걸린다고 하여 감자 이야기만 나와도 의심스러운 눈으로
바라보거나, 또 돼지나 포로들이 먹는 식품으로 여겼다는 기록도 있다지요.
여름에 감자가 없었으면 우리 집 밥상에 어떤 반찬들이 올라왔을까요.
여름철에 먹는 감잣국, 감자조림, 감자전, 감자찜, 감자볶음은 매일 먹어도 질리지 않아요.

How to Cook

1. 감자 2개는 깨끗이 씻어 껍질을 벗긴 후 한입 크기로 자른다.

2. 꽈리고추 10개는 꼭지를 떼고 긴 것은 반으로 자른다.

감자를 오랫동안 볶으면 고소한 맛도 나고 빨리 익힐 수 있다

3. 냄비에 식용유를 두르고 감자를 넣어 노릇하게 볶다가 물 1/2컵을 붓고 끓인다.

 Ingredients

2인분 [20분]

재료
감자 2개
꽈리고추 10개(40g)
식용유 적당량
간장 1
굴소스(매운맛) 1
다진 마늘 0.5
고추기름 1

4. 간장 1, 굴소스 1, 다진 마늘 0.5를 넣어 간을 맞춘다.

꽈리 고추 대신 청양고추를 다져서 약간 넣으면 더 매콤하다

5. 꽈리고추를 넣어 숨이 죽을 정도만 살짝 볶은 후 고추기름 1을 넣어 버무린다.

 Cafe Owner's Tip

굴소스를 대신할 양념

매운 감자 조림은 간장과 굴소스로 맛을 내지만 굴소스를 사용하지 않거나, 없다면 간장을 조금 더 넣거나 소금으로 간을 맞추고 다시마를 넣어 함께 졸여 깊은 맛을 더하면 된다.

보랏빛
향기

가지 조림

손님들이 가장 많이 물어보는 레시피입니다. 가지인 줄 모르고 먹는 분들이 대부분이고요. 가지라고 이야기하면 깜짝 놀라고, 어떻게 만드는지 구체적으로 묻기 시작하면 계산대 앞에서 즉석 쿠킹 클래스가 시작되지요.
여름 지나기 전에 꼭 집에서 가지 조림을 만들어보세요.

How to Cook

1. 가지 2개는 필러로 껍질을 벗겨 반으로 가른 후 적당한 크기로 썬다.

2. 가지에 녹말가루 1/4컵을 골고루 입힌다.

3. 풋고추 1/2개, 홍고추 1/2개는 어슷하게 썬다.

4. 팬에 식용유 4를 두르고 가지를 넣어 앞뒤로 노릇하게 지진다.

5. 냄비에 물 1컵, 간장 1, 굴소스 0.5, 맛술 1, 설탕 0.3을 넣어 끓이다가 가지를 넣어 조린다.

6. 가지에 조림장이 배면 풋고추, 홍고추를 넣어 살짝 조린다.

Ingredients

2인분 [20분]

주재료
가지 2개
녹말가루 1/4컵
풋고추 1/2개
홍고추 1/2개
식용유 4

조림장 재료
물 1/2컵
간장 1
굴소스 0.5
맛술 1
설탕 0.3

Cafe Owner's Tip

가지 손질하기
가지는 껍질을 칼로 벗기기보다는 필러를 이용해야 버려지는 부분 없이 알뜰하게 먹을 수 있다.

매일
먹어도
질리지
않는

참나물전

봄나물 가운데 하나인 참나물을 이제는 사시사철 맛볼 수 있어요.
향이 독특해서 좋아하는 사람과 싫어하는 사람이 나뉘기도 하지만 전으로
부쳐내면 다들 좋아하시더라고요. 또한 참나물은 나물잎 모양이 보기 좋아
카페에서 내는 국물이나 볶음 요리에 장식으로도 자주 쓰인답니다.

How to Cook

참나물 대신 달래, 부추 등을 활용하면 봄나물전이 된다

1. 참나물 1줌은 물에 씻어 건져서 물기를 빼고 잎과 줄기는 송송 썬다.

2. 홍고추 1개는 반으로 갈라 씨째 곱게 다진다.

Ingredients

2인분 [10분]

재료
참나물 1줌
홍고추 1개
부침가루 1컵
물 1+1/4컵
식용유 적당량

3. 부침가루에 물 1+1/4컵을 넣고 부드럽게 풀어준 후 손질한 참나물과 홍고추를 넣어 섞는다.

4. 팬에 식용유를 두르고 반죽을 한 숟가락씩 떠 넣어 앞뒤로 노릇하게 지진다.

Cafe Owner's Tip

카페에서 잎채소 씻기와 보관

잎이 여린 채소는 수돗물을 틀어놓고 씻으면 수압에 의해 상하기 쉽다. 지저분한 것들은 씻기 전에 다듬어 넓은 그릇에 찬물을 받아둔 후 여린 채소를 넣고 흔들어 씻어야 깨끗하고 상하지 않게 씻을 수 있다. 손질해서 보관할 때도 물기가 많으면 상할 수 있으니 물기를 충분히 뺀 후 비닐팩에 넣어 보관하고, 1~2일 후에 사용할 때에는 비닐팩 안에 키친타월을 깔고 채소를 넣으면 오래 보관할 수 있다.

>> **one plate menu** A u t u m n

September

가을 운동회를 기억하며

현미밥
북엇국
버섯 불고기
생땅콩 조림
오이 미역 초무침
유부 채소 볶음

밥먹는 카페의 건강밥

현미밥

밥먹는 카페를 찾아오시는 분들은 맛있는 음식만큼이나 건강에도 관심이 많으세요. 모든 것이 넘치고 자극적인 우리 밥상에서 꿋꿋하게 자리를 지켜주는 고마운 음식 가운데 하나가 현미밥이에요. 입맛을 자극하는 강렬함은 없지만 은은한 맛으로 건강을 지켜주지요. 꼭꼭 씹어 먹어야 하니 모든 것이 급한 요즘 천천히 챙겨 먹을 음식이 아닐까 해요.

 **How to Cook**

 Ingredients

2인분 [20분]

재료
쌀 1컵
찹쌀현미 1/4컵
물 1+1/4컵

1. 쌀 1컵, 찹쌀현미 1/4컵은 물에 씻는다.

2. 씻은 쌀은 30분 정도 불린다.

일반 전기밥솥 보다 는 압력밥솥에 지으면 밥이 더 부드럽다

3. 냄비에 쌀과 찹쌀현미를 넣어 물 1+1/4컵을 붓고 밥을 짓는다.

4. 밥이 다 지어지면 고슬고슬하도록 잘 뒤적거려 섞는다.

 Cafe Owner's Tip

카페에서 후다닥 밥하기
준비한 음식은 떨어졌는데 손님이 왔을 때 가장 당황스러운 것이 시간이 오래 걸리는 밥이다. 쌀은 늘 여유분까지 염두에 두고 넉넉한 양을 씻어 불린 후 뜨거운 물을 부으면 빨리 밥을 지을 수 있다.

해 장 하 러
카 페 로
오 세 요

북
엇
국

밥먹는 카페는 남자 손님이 여자 손님을 모시고 오는 경우가 많아요.
평일에는 직장 동료들과, 주말에는 가족들과 함께 오시곤 한답니다.
아마도 집밥처럼 편하게 먹을 수 있는 곳이라 그런 것 같아요.
그중에서도 북엇국은 남자 손님들이 가장 좋아하는 메뉴입니다.

How to Cook

1. 황태포 1줌은 물에 살짝 담갔다가 건져 물기를 꼭 짠다.

2. 불린 황태에 다진 파 0.5, 다진 마늘 0.3, 참기름 0.5, 소금과 후춧가루를 약간씩 넣어 조물조물 무친다.

3. 무 1/2토막은 납작하게 썰고, 달걀 1개는 풀어놓고, 대파 1/4대는 어슷 썬다.

Ingredients

2인분 [20분]

주재료
황태포 1줌
무(2cm 길이) 1/2토막
달걀 1개
대파 1/4대
물 3컵
국간장 0.5
소금·후춧가루 약간씩

북어 양념 재료
다진 파 0.5
다진 마늘 0.3
참기름 0.5
소금·후춧가루 약간씩

4. 냄비에 양념한 황태포를 넣어 달달 볶다가 무를 넣어 볶는다. 물 3컵을 부어 국물이 끓으면 무가 부드러워질 때까지 은근한 불로 끓인다.

5. 국간장 0.5를 넣어 색을 낸 후 달걀물을 부어 살짝 끓여 소금과 후춧가루로 간한 후 대파를 넣어 한소끔 끓인다.

Cafe Owner's Tip

북어 대가리로 육수 내기
북어 대가리는 모아두었다가 북엇국이나 맑은 국물을 끓이는 요리에 육수용으로 사용한다. 북어 대가리, 대파, 양파를 약간씩 넣어 은근한 불로 끓여 육수를 만들면 북어포를 많이 넣지 않아도 시원한 국물 맛이 나는 북엇국을 끓일 수 있다.

카페풍
가을 버섯
요리

버섯 불고기

버섯과 불고기는 궁합이 참 잘 맞는 재료예요. 버섯은 육류의 콜레스테롤을
낮추는 역할을 하거든요. 재료를 섞어서 볶는 불고기보다는 버섯에 불고기를
돌돌 말아서 구우면 카페 메뉴로 더 잘 어울린답니다.
그래서인지 밥먹는 카페에서 가장 인기인 고기 요리랍니다.

How to Cook

1. 새송이버섯 2개는 굵게 채썰어 식용유를 약간 넣고 살짝 버무린다.

2. 간장 2, 설탕 0.5, 물엿 0.5, 맛술 1, 다진 파 1, 다진 마늘 0.5, 참기름 1, 깨소금 0.3을 한데 섞어 쇠고기 양념을 만든다.

3. 쇠고기 200g에 양념장을 넣어 조물조물 버무린다.

쇠고기는 일정한 두께로 말아야 구울 때 골고루 익는다

4. 새송이버섯에 쇠고기를 돌돌 만다.

5. 꼬치에 꿰어 프라이팬에 식용유를 두르고 굽거나 그릴에 노릇하게 굽는다.

Ingredients

2인분 [25분]

주재료
새송이버섯 2개
식용유 약간
쇠고기(불고기용) 200g

쇠고기 양념 재료
간장 2
설탕 0.5
물엿 0.5
맛술 1
다진 파 1
다진 마늘 0.5
참기름 1
깨소금 0.3

대체 재료
새송이버섯 ▶ 가지

 Cafe Owner's Tip

카페에서 버섯 불고기 내기
육류 요리는 뜨겁게 상에 내야 더 맛있다.
버섯 불고기는 익는 데 시간이 오래 걸리지 않기 때문에 미리 구워두지 말고 주문이 들어오면 세팅하는 사이에 그릴을 이용해서 굽는다.
새송이버섯과 다른 채소를 함께 말아서 꼬치를 만들어도 된다.

원
플레이트의
악센트

생땅콩 조림

생땅콩 조림을 밥먹는 카페에 와서 처음 먹어보았다는 분들이 많아요.
가을에 나는 여주 땅콩이 유명한데요. 볶지 않고 삶아서 그대로 먹어도 고소한 맛이
입안에 가득합니다. 껍질까지 그대로 먹을 수 있어서요, 견과류의 우수성이 얘기되는
요즘 반드시 챙겨 먹어야 할 음식이 아닐까 해요.

How to Cook

생땅콩은 불리지 말고 씻어 그대로 물기를 빼고 요리해야 맛있다

1. 생땅콩 1컵은 물에 씻어 체에 밭쳐 물기를 뺀다.

2. 냄비에 물 1컵과 식용유를 약간 넣고 생땅콩을 넣어 뚜껑을 덮고 5분 정도 중간 불로 끓인다.

3. 생땅콩이 익으면 간장 2, 물엿 2, 설탕 0.5를 넣어 끓인다.

4. 윤기 나게 조려지면 불을 끄고 참기름 1을 뿌려 버무린다.

검은깨나 통깨는 조린 냄비에서 섞으면 냄비 주변에 다 묻어버리므로 보관할 용기에 담아서 뿌린다

5. 땅콩 조림이 식으면 밀폐용기에 담고 검은깨 0.3을 뿌린다.

Ingredients

8인분 [20분]

주재료
생땅콩 1컵
물 1컵
식용유 약간

양념장 재료
간장 2
물엿 2
설탕 0.5
참기름 1
검은깨 0.3

Cafe Owner's Tip

밑반찬 보관하기
밑반찬은 일반적으로 가열하여 식혀서 보관하기 때문에 요리를 해서 큰 그릇에 펼쳐 완전히 식혀 밀폐용기에 담아야 상하지 않는다. 열기가 남은 상태에서 용기에 보관하면 남은 수분 때문에 상하기 쉽다.

샐러드처럼
먹는

오이 미역 초무침

미역은 섬유질이 많아 장장 효과가 있어 다이어트를 위한 재료라고 할 수 있어요.
미역 요리라 하면 흔히 미역국만 생각하시는데요,
오이와 새콤달콤하게 무치면 다들 신기해하세요.
특히 오이 미역 초무침은 여자 손님에게 인기라 오시면 넉넉하게 드리곤 해요.

How to Cook

Ingredients

2인분 [20분]

주재료
마른미역 1/4컵(5g)
오이 1/2개
레몬 1/2개
래디시 1개

양념 재료
간장 1
설탕 2
식초 2
소금 0.3
다진 마늘 0.5

대체 재료
래디시 ▶ 비트, 토마토

마른미역 1/4컵은 물에 불려 끓는 물에 살짝 데친 후 찬물에 헹구어 물기를 뺀다.

오이 1/2개는 동그랗게 썰고, 레몬 1/2개는 4등분하여 납작하게 썬다.

래디시 1개는 얇게 썬다.

Cafe Owner's Tip

양념 이용법
무침 양념 재료는 넉넉히 만들어 사용하면 되는데, 양념장에 다진 마늘을 미리 넣으면 양념을 오래 보관하기 힘들고 신선도도 떨어진다. 사용할 양념에 그날그날 마늘을 찧어 넣으면 신선한 맛의 양념을 만들 수 있다.

간장 1, 설탕 2, 식초 2, 소금 0.3, 다진 마늘 0.5를 한데 섞어 양념을 만든다.

미역, 오이, 레몬, 래디시를 볼에 담고 양념장을 넣어 조물조물 무친다.

유부
초밥은
잊을래

유부 채소 볶음

전에는 유부 초밥을 하기 위해 튀겨진 유부를 사다가 데친 뒤 물기를 빼고 다시 간장물에 졸여 만들곤 하였는데요, 요즘은 냉장 코너에 가면 조미된 유부들이 대부분이고 오히려 일반 유부는 구하기가 어려워요. 초밥 외에 다른 요리를 잘 안 하기 때문인 것 같아요. 냉동 코너에서 구입 가능한 큰 봉지의 냉동 유부는 초밥보다는 볶음이나 국물 요리에 활용하면 좋아요. 또 고소한 맛 때문에 채소와도 잘 어울려요.

How to Cook

1. 유부 5장과 양파 1/4개는 채썬다.

2. 숙주 1줌은 물에 씻어 물기를 빼고, 풋고추 1/2개는 반으로 갈라 어슷하게 썬다.

3. 팬에 식용유 2를 두르고 다진 마늘 0.3을 넣어 볶는다.

4. 마늘 향이 나면 양파를 넣어 볶다가 숙주를 넣어 볶는다.

5. 숙주가 살짝 익으면 굴소스 1을 넣어 볶다가 풋고추를 넣고 유부를 넣어 섞은 후 통깨를 약간 뿌린다.

Ingredients

2인분 [20분]

재료
유부 5장
양파 1/4개
숙주 1줌
풋고추 1/2개
식용유 2
다진 마늘 0.3
굴소스 1
통깨 약간

대체 재료
숙주 ▶ 느타리버섯, 팽이버섯

 Cafe Owner's Tip

볶음 요리에 유부 활용하기
유부는 채소를 볶아 생긴 수분을 없애는 역할을 하기 때문에 볶음 요리에 활용하면 물기 없는 채소 볶음이 가능하다. 사용하고 남은 유부는 냉동 보관한다.

>> **one plate menu** A u t u m n

October

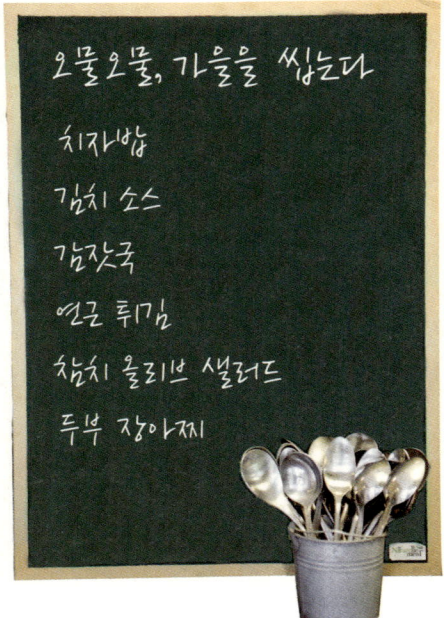

오물오물, 가을을 씹는다

치자밥
김치 소스
감잣국
연근 튀김
참치 올리브 샐러드
두부 장아찌

색으로
먹는

치
자
밥

가을이 되면 재래시장에서 치자를 한 바구니 삽니다.
채반에 널어 그대로 두면 잘 말라서 1년을 두고 천연색소로 이용하기에
치자보다 좋은 것이 없어요. 잘 마른 치자는 밀폐용기에 담아두었다가
쪼개어 물에 불리면 노란 물이 잘 우러납니다.

How to Cook

치자 1개를 쪼개 따뜻한 물에 담갔다가 걸러 물과 희석해서 사용한다

1. 쌀 1컵은 물에 씻어서 20분 정도 불린다.

2. 치자 1개는 쪼갠 물 1+1/5컵에 넣어 불린다.

3. 색이 우러나면 치자를 체에 거른다.

치자는 특별한 향이 없어 초밥이나 김밥 등에 활용해도 좋다 모양 김밥을 만들 때 색깔밥으로 넣는다

4. 쌀에 치자 우린 물 1컵을 넣어 밥을 짓는다.

5. 뜸이 들면 주걱으로 잘 섞는다.

Ingredients

2인분 [20분]

재료
쌀 1컵
치자 1개
물 1+1/5컵

대체 재료
치자 ▶ 녹차, 카레가루, 사프란

Cafe Owner's Tip

카페의 자연 색소 갈무리
노란색은 치자, 붉은색은 백년초, 초록색은 파래, 시금치, 녹차를 활용한다.

밥 먹는 카페 115

친자연적인
덮밥 소스

김치 소스

김치로는 어떤 요리를 해도 다 맛있어요. 특히 김치가 맛있다면 요리 만들기는 그야말로 식은 죽 먹기죠. 김치통에서 김치를 꺼내 먹다보면 어느새 김치 국물만 남곤 하는데 이때는 김치 소스를 만드세요. 김치 국물을 잘 활용하면 어떤 음식에든 양념을 따로 할 필요 없이 간 맞추기도 쉬울 거예요.

How to Cook

1. 배추김치 1/8포기는 한입 크기로 썰고, 양파 1/4개는 굵게 다지고, 실파 2뿌리는 다듬어 씻어서 2cm 길이로 썬다.

2. 큐빅 참치 통조림 1/2통은 체에 밭쳐 기름을 뺀다.

3. 팬에 참기름 1을 두르고 배추김치를 넣어 달달 볶다가 양파를 넣어 볶는다.

4. 양파가 거의 익으면 물 1컵을 붓고 고춧가루 0.3, 굴소스 0.5, 간장 0.5, 설탕 0.3을 넣어 끓인다.

5. 국물이 끓으면 참치를 넣고 끓이다가 녹말물 2를 넣어 농도를 맞추고 실파를 넣고 깨소금을 약간 뿌린다.

Ingredients

2인분 [30분]

재료
배추김치 1/8포기
양파 1/4개
실파 2뿌리
큐빅 참치 통조림 1/2통
참기름 1
물 1컵
고춧가루 0.3
굴소스 0.5
간장 0.5
설탕 0.3
녹말물 2
깨소금 약간

대체 재료
큐빅 참치 통조림
▶ 오징어, 새우, 주꾸미

Cafe Owner's Tip

덮밥 소스 만들기
김치덮밥, 오징어덮밥, 낙지덮밥 등 원 플레이트 메뉴의 덮밥 소스는 걸쭉하면서 짠맛이 나지 않도록 한다. 고추장을 많이 넣지 않고 물을 약간 넣고 끓이다가 녹말물로 걸쭉하게 농도를 맞추면 짜지 않은 덮밥 소스를 만들 수 있다.

소박한 국
한 그릇

감자국

한국인에게는 국물이 없는 밥상을 상상할 수 없지요. 아침에 똑같은 국이 식탁에 오를 때 친정엄마에게 국이다 찌개 투정을 부렸던 것을 반성해봅니다. 밥먹는 카페에서도 다른 반찬보다 신경 쓰이는 것이 국물 요리에요. 그럴 때마다 간단한 재료지만 쉽게 고민을 해결해주는 것이 감자국입니다. 여름 감자로 끓인 국이 가장 맛있어요.

How to Cook

1. 감자 2개는 껍질을 벗겨 물에 씻어 적당한 크기로 썬다.

2. 풋고추 1개는 반으로 갈라 씨를 빼서 어슷하게 썬다.

3. 냄비에 참기름 1을 두르고 감자를 넣어 볶는다.

Ingredients

2인분 [25분]

재료

감자 2개
풋고추 1개
참기름 1
물 4컵
다시마(10×10cm) 1장
참치 한스푼 1
소금 약간
후춧가루 약간

4. 감자가 투명하게 익으면 물 4컵과 다시마 1장을 넣어 끓인다.

5. 국물이 끓으면 다시마를 건져내고 감자가 익을 때까지 끓인다. 건진 다시마는 식혀서 곱게 채썬다.

6. 감자가 익으면 풋고추를 넣고 참치 한스푼, 소금, 후춧가루로 간하여 대접에 담고 다시마를 곁들인다.

> 감자는 싹이 났거나 푸른색으로 변한 곳은 독소가 있어 많이 먹으면 식중독을 유발할 수도 있으니 싹이나 푸른색은 잘 제거해서 요리한다

Cafe Owner's Tip

다시마 고르기와 보관법

감잣국처럼 맑은 국물 요리에는 다시마만 넣은 깔끔한 육수를 낸다. 육수용 다시마는 두꺼운 것이 좋고, 다시마 뿌리 쪽을 이용하면 좋다. 또 다시마는 작은 크기로 잘라서 국물용과 조림용으로 나누어 보관한 후 사용하고 국물을 뽑고 남은 다시마도 채썰어 고명으로 사용하면 좋다.

이 요리
모르셨죠?

연근 튀김

재래시장에서 채소를 직접 구매하는 일이 많은데요, 흙이 채 마르지 않은 연근들이 줄줄이 붙어 있는 것을 보면 저도 모르게 사게 되어요. 왠지 흙이 마르기 전 신선할 때 요리를 해먹어야겠다는 생각이 들어서죠. 조림도 하고 피클도 만들고 전도 부치면 별미거든요. 이때 색이 변한다고 식촛물에 삶거나 담가두지 마세요. 연근의 맛이나 향이 떨어지니 껍질을 벗기고 그대로 사용하세요.

How to Cook

1. 연근 1개는 필러로 껍질을 벗겨 0.5cm 두께로 썰어 끓는 물에 소금을 약간 넣고 살짝 데쳐 물기를 뺀다.

2. 간장 0.3, 다진 파 0.5, 다진 마늘 0.3, 참기름 0.5, 깨소금과 후춧가루를 약간씩 섞어 돼지고기 양념을 만들어 돼지고기 100g을 넣어 버무린다.

3. 양파와 당근을 약간씩 다져 돼지고기에 넣어 섞는다.

4. 튀김가루 1컵에 물 1컵을 부어 반죽한다.

5. 데친 연근의 가운데에 돼지고기 소를 얹은 후 골고루 펴고 연근을 올린다.

6. 연근에 튀김옷을 입혀 170℃의 튀김 기름에 노릇하게 튀긴다.

Ingredients

2인분 [30분]

주재료
연근 1개
소금 약간
돼지고기(다진 것) 100g
양파 약간
당근 약간
튀김가루 1컵
물 1컵
튀김 기름 적당량

돼지고기 양념 재료
간장 0.3
다진 파 0.5
다진 마늘 0.3
참기름 0.5
깨소금·후춧가루 약간씩

Cafe Owner's Tip

뿌리채소 다듬기
연근, 우엉, 마, 당근, 무 등의 뿌리채소는 흙이 많이 묻어 있어 칼이나 필러로 껍질을 벗기면 다시 흙이 묻게 되어 여러 번 헹구게 된다. 흙이 묻어 있는 껍질을 벗기기 전에 부드러운 수세미나 솔로 잘 닦은 다음 껍질을 벗기거나 칼로 자르면 다시 씻을 필요가 없다.

마법의
요리

참치 올리브 샐러드

플레이트 메뉴를 짤 때는 색감이나 모양, 맛, 영양가 등을 모두 고려해야 해요. 참치는 이런 조건을 두루 만족시키는 대표적인 재료예요. 또 예상했던 것보다 손님이 많은데 장만해둔 요리가 떨어졌을 때 요긴하게 쓸 수 있는 게 바로 참치랍니다. 카페를 운영하다 보면 급하게 음식을 만들어내야 하는 마법도 부릴 줄 알아야 한답니다.

How to Cook

1 참치 통조림 1통은 체에 밭쳐 기름을 빼고 숟가락으로 대강 으깬다.

2 끓는 물에 소금을 약간 넣고 파스타를 넣어 8분 정도 삶아서 건진다.

3 오이 1/4개는 반으로 갈라 어슷 썰고, 양파 1/4개는 다지고, 올리브 1개는 동글동글하게 썬다.

4 마요네즈 2, 양겨자 0.5, 레몬즙 0.3, 소금과 후춧가루를 약간씩 섞어 드레싱을 만든다.

5 볼에 모든 재료와 드레싱을 넣어 고루 섞는다.

Ingredients

2인분 [25분]

주재료
참치 통조림 1통
소금 약간
파스타 40g
오이 1/4개
양파 1/4개
올리브 1개

드레싱 재료
마요네즈 2
양겨자 0.5
레몬즙 0.3
소금 약간
후춧가루 약간

대체 재료
올리브 ▶ 옥수수, 완두콩

Cafe Owner's Tip

참치 요리 플레이트에 담기
참치에 물기가 생길 수 있으니 원 플레이트에 담을 때에는 담백한 맛의 크래커를 하나 깔고 그 위에 아이스크림 스쿠퍼를 이용해 담는다. 먹음직스러운데다 물기가 생기지 않아 함께 담긴 다른 요리와 맛이 섞이지 않는다.

손님들이
앙코르를
외치는

두부 장아찌

콩은 밭에서 나는 쇠고기라고 하지요. 그런데 좋은 줄 알면서도 잘 먹지 않게 되는데요, 소화를 잘 못 시키는 사람이 많기 때문인 것 같아요. 그러나 콩으로 두부를 만들면 그런 걱정이 싹 사라져요. 콩으로 만든 두부는 누구에게든 위의 부담이 안 되는 음식이니까요. 다양한 두부 요리로 식물성 단백질을 넉넉히 섭취하세요.

How to Cook

두부를 자주
뒤집으면 모양이
부서지기 쉽다

① 두부 1모는 도톰하게 잘라 소금을 약간 뿌린 후 물기를 제거한다.

② 달군 팬에 식용유 2를 두르고 두부를 넣어 노릇하게 굽는다.

Ingredients

2인분 [25분]

주재료
두부 1모
소금 약간
식용유 2

양념장 재료
물 1컵
다시마(5×5cm) 1장
간장 2
청주 2
맛술 3
황설탕 1.5
마른 고추 1개

두부 장아찌는
오래 보관해서 먹는 장아찌가
아니므로 먹을 만큼씩만 만들어
2~3일 정도만 저장하는
것이 좋다

③ 냄비에 물 1컵, 다시마 1장, 간장 2, 청주 2, 맛술 3, 황설탕 1.5, 마른 고추 1개를 넣어 바글바글 끓여 식힌다.

④ 밀폐용기에 지진 두부를 담고 양념장을 부어 저장한다.

Cafe Owner's Tip

마른 고추 활용하기
마른 고추는 매콤한 맛을 내면서도 깔끔하게 요리하는 데 효과적이다. 특히 간장을 넣은 졸임 등에 사용하면 매운맛을 내면서도 색은 붉지 않다. 마른 고추는 지퍼팩 등에 잘 보관해서 필요할 때마다 꺼내 쓴다.

>> **one plate menu** Autumn

November

울긋불긋 단풍을
닮은 먹을거리

무밥과 양념장
시래기 된장국
고구마 겨자채 무침
중국식 해산물 볶음
잔멸치 아몬드 조림
중국식 오이김치

반찬
없이도
한 그릇
싹싹

무밥과 양념장

초등학교 시절 친구 생일에 초대를 받았어요. 그런데, 달콤한 생일 케이크와
돈가스를 상상하며 기다린 친구의 생일상에 무를 넣어 만든 무시루떡이 있는 거예요.
친구들은 하나같이 실망하고 집으로 돌아갔지요. 가을무는 인삼보다 낫다고 하는데
가을무를 보면 그 무시루떡이 왜 그리 생각이 나던지……
시루떡은 아니어도 무밥으로 가을무의 맛을 느껴봅니다.

How to Cook

소금은 꽃소금이나
굵은소금으로
간을 하는 것이 좋다

1. 쌀 1컵은 물에 씻어 30분 정도 불린다.

2. 무 1/4토막은 4cm 길이로 일정한 두께로 채썬다.

3. 밥솥에 쌀을 넣고 무를 올린 후 소금을 약간 넣고 물 1컵을 부어 밥을 짓는다.

양념장은 기호에
따라 고춧가루나 고추를
다져서 넣어도 된다

4. 밥이 뜸이 들면 밥과 무를 가볍게 섞는다.

5. 간장 2, 송송 썬 실파 2, 참기름 1, 깨소금 0.5를 한데 섞어 양념장을 만들어 곁들인다.

Ingredients

2인분 [20분]

주재료
쌀 1컵
무(4cm 길이) 1/4토막(100g)
소금 약간

양념장 재료
간장 2
송송 썬 실파 2
참기름 1
깨소금 0.5

Cafe Owner's Tip

무 손질하기
동삼(冬蔘)이라 하여 겨울에는 무를 과일처럼 깎아 먹었다고 한다. 과일이 귀하던 시절의 이야기지만 가을무의 달착지근한 맛은 과일 이상으로 시원하고 맛있다. 무 껍질에는 속보다 많은 비타민 C가 함유되어 있으니 껍질째 깨끗이 씻어 무밥을 만들면 더 맛있다.

카페
최고
히트 메뉴

시래기 된장국

가을무에는 무청이 달려 있지요. 싱싱한 무청을 버리면
처치 곤란한 쓰레기가 되지만 잘만 활용하면 맛있는 시래기가 됩니다.
이름은 유사하지만 밥먹는 카페에서는 싱싱한 무청으로 된장국을 끓여
훌륭한 요리로 만들어봅니다. 나름 에코 밥상 전략을 구사중이거든요.

How to Cook

1. 무청 시래기 300g은 끓는 물에 데쳐서 찬물에 헹궈 물기를 꼭 짜고 먹기 좋은 크기로 썬다.

2. 청양고추 1개는 꼭지를 떼고 씨째 송송 썰고, 대파 1/4대는 굵게 다진다.

3. 무청 시래기에 청양고추, 대파, 된장 3, 다진 마늘 0.5를 넣어 조물조물 무친다.

Ingredients

2인분 [30분]

재료
무청 시래기 300g
청양고추 1개
대파 1/4대
된장 3
다진 마늘 0.5
물 5컵
다시마(10×10cm) 1장
소금 약간

4. 냄비에 물 5컵을 붓고 다시마 1장을 넣어 끓으면 다시마를 건져내고 양념한 무청 시래기를 넣어 끓이다가 국물이 끓으면 무청 시래기가 부드러워질 때까지 은근한 불로 끓인다.

들깻가루나 콩가루를 넣으면 다른 맛의 시래기 된장국이 된다

5. 국물이 잘 우러나고 무청 시래기가 부드러워지면 소금으로 간을 맞춘다.

Cafe Owner's Tip

무청 시래기 갈무리
가을 김장철에는 무청 시래기가 많이 나오므로 삶아서 말려두거나 말리기 어려우면 끓는 물에 부드럽게 삶아서 물기를 짜고 냉동실에 넣어두었다가 사용한다.

차고 넘치는
고구마로
만든

고구마 겨자채 무침

이 메뉴 때문에 단골손님이 되신 분이 있어요.
고구마를 항상 쪄서만 먹었는데 어떻게 무칠 생각을 했느냐며 물으시더라고요.
"고구마가 많아서 무쳐봤어요"라고 대답했지요. 고구마 겨자채 무침이 입맛에
맞으셨는지 지금도 이걸 드시러 카페를 자주 찾으세요.

How to Cook

1. 고구마 1개는 깨끗하게 씻어 껍질째 일정한 두께로 채썬다.

2. 닭 가슴살 통조림은 체에 밭쳐 물기를 빼고 1/2통 분량만 결대로 찢는다.

3. 피망 1/4개는 채썬다.

4. 연겨자 0.5, 식초 1.5, 설탕 1, 연유 1, 소금 약간을 섞어 겨자 소스를 만든다.

5. 볼에 고구마, 닭 가슴살, 피망을 넣고 겨자 소스를 넣어 버무린 다음 검은깨를 약간 뿌린다.

Ingredients

2인분 [20분]

주재료
고구마 1개
닭 가슴살 통조림 1/2통
피망 1/4개
검은깨 약간

겨자 소스 재료
연겨자 0.5
식초 1.5
설탕 1
연유 1
소금 약간

Cafe Owner's Tip

겨자 이용하기

연겨자는 겨자를 발효한 것으로 튜브 형태로 판매된다. 연겨자에 식초나 물 등을 넣어 멍울이 지지 않도록 부드럽게 풀어 설탕, 소금 등의 나머지 재료를 넣는다. 겨잣가루를 사용할 때에는 겨자를 미지근한 물로 개어 랩을 씌운 후 따뜻한 곳에서 7~8분간 두어 발효시켰다가 물로 부드럽게 풀어 양념한다.

푸짐하고
뜨끈한

중국식 해산물 볶음

같은 재료를 사용해도 중국식이라는 말이 붙으면 왠지 더 푸짐한 느낌이 들어요.
아무래도 중국 요리에 기름을 넉넉히 사용하여 볶는 요리가 많아서 그런 것 같아요.
특히 이 요리는 녹말을 넣고 걸쭉하게 만들어 요리가 빨리 식지 않아
카페의 플레이트 메뉴로 잘 어울려요.

How to Cook

Ingredients

2인분 [25분]

주재료
오징어 1/2마리
새우 1/4컵(30g)
새송이버섯 1개
브로콜리 1/2송이
양파 1/4개
홍고추 1/2개
대파 1/4대
마늘 2쪽
식용유 2
물 1/4컵
녹말물 약간

양념장 재료
두반장 0.5
굴소스 1
맛술 0.5
참기름 1
후춧가루 약간

대체 재료
오징어, 새우
▶ 돼지고기, 닭고기

 Cafe Owner's Tip

카페에서 해산물 메뉴 구성하기

해산물은 기호성이 강한 식재료이다. 중국식 해산물 볶음은 좋아하는 손님은 아주 좋아하지만 그렇지 않은 손님들은 해산물을 골라내기도 한다. 해산물 대신 두부나 쇠고기, 닭고기를 넣어 만들어도 좋다.

오징어 1/2마리는 껍질을 벗겨 오징어살 안쪽에 칼집을 넣어 먹기 좋은 크기로 썰고, 새우 1/4컵은 씻어 건진다.

새송이버섯 1개는 먹기 좋은 크기로 썰고, 브로콜리 1/2송이는 작은 송이로 떼어 끓는 물에 살짝 데쳐 물기를 뺀다.

양파 1/4개는 굵직하게 채썰고, 홍고추 1/2개와 대파 1/4대는 어슷 썰고, 마늘 2쪽은 편으로 썬다.

팬에 식용유 2를 두르고 마늘을 넣어 볶다가 향이 나면 오징어와 새우를 넣어 볶는다.

오징어가 살짝 익으면 두반장 0.5, 굴소스 1, 맛술 0.5를 넣어 볶다가 새송이버섯과 양파를 넣어 볶는다.

매운맛을 낼 때에는 고추기름으로 볶는다

브로콜리, 홍고추, 대파를 넣고 살짝 볶아 물 1/4컵을 부어 끓이다가 녹말물을 약간 넣어 농도를 맞춘 후 참기름 1과 후춧가루를 약간 넣어 간을 한다.

밥 먹는 카 페 135

칼슘 먹이는 카페

잔멸치 아몬드 조림

밑반찬 하면 떠오르는 메뉴가 멸치 볶음이에요.
그런데 집에서는 이상하게 볶아두었다가 상에 올리면 왠지 맛이 떨어지지요.
금방 볶은 멸치 볶음은 고소하고 짭짤한 맛이 밥반찬으로 딱인데 말이에요.
밥먹는 카페에 자주 등장하는 메뉴이지만 남기는 분들이 거의 없어요.

How to Cook

1. 잔멸치 1줌은 손질한다.

2. 마늘 2쪽은 편으로 썬다.

3. 팬에 기름을 두르고 마늘을 넣어 노릇하게 볶다가 멸치를 넣어 볶은 후 접시에 담아둔다.

4. 잔멸치를 볶은 팬에 기름을 두르지 않고 아몬드 1을 넣어 살짝 볶는다.

5. 냄비에 간장 1, 맛술 1.5를 넣어 끓여 마늘, 잔멸치, 아몬드를 넣어 조린다.

아몬드는 슬라이스한 것으로 기름을 두르지 않은 팬에 볶거나 200℃의 오븐에서 5~6분간 구우면 고소하다

6. 멸치 아몬드 조림에 설탕 0.5를 넣어 섞고 참기름을 약간 뿌린다.

Ingredients

2인분 [10분]

주재료
잔멸치 1줌(40g)
마늘 2쪽
식용유 약간
아몬드 1

양념장 재료
간장 1
맛술 1.5
설탕 0.5
참기름 약간

Cafe Owner's Tip

카페의 건강 메뉴 고민하기
집에서는 잘 먹지 않는 멸치 볶음이나 조림을 밥먹는 카페 손님으로 오면 잘 먹게 된다고 한다. 그날 아침에 갓 만든 신선한 맛에 끌리는 듯하다. 건어물류는 볶아서 오래 보관하면 비린 맛이 나기 쉬우니 조금씩 만들어 손님상에 낸다.

밥 먹 는 카 페 137

즉석
김치

중국식 오이김치

김치 대신 올려도 손색이 없는 찬이에요.
밥먹는 카페에서는 김치를 활용한 메뉴는 많지만 김치를 플레이트로 구성하지는
않아요. 김치 냄새가 카페에 배기 때문인데요, 그래서 김치를 대신할 수 있는 매콤한
겉절이, 피클, 장아찌 등을 만드는데 그중 중국식 오이김치는 그 대표선수랍니다.

How to Cook

오이 1개는 칼날로 가시를 없애 깨끗이 씻어 길쭉하게 6등분하여 씨를 제거하고 3cm 길이로 썬다.

오이에 소금 0.3을 뿌려 살짝 절여 물기를 꼭 짠다.

마늘 2쪽은 편으로 썬다.

Ingredients

2인분 [10분]

주재료
오이 1개
마늘 2쪽
소금 0.3
참기름 0.5

양념 재료
두반장 1
식초 1
설탕 1
통후추 3~4알
물 1/4컵

두반장 1, 식초 1, 설탕 1, 통후추 3~4알, 물 1/4컵을 한데 섞어 양념을 만든다.

팬에 참기름 0.5를 두르고 마늘을 넣어 볶다가 향이 나면 ④의 양념을 넣어 끓인다.

오이를 넣고 살짝 끓여 밀폐용기에 담아 냉장고에 차게 식힌다.

중국식 오이김치는 오래 보관하면 맛이 떨어지기 때문에 조금씩 만들어서 먹는 것이 좋다

Cafe Owner's Tip

오이의 종류와 보관법

보통 몸집이 짤막하고 통통하며 연두색을 띠는 '다다기 오이' 또는 '조선 오이'와 진초록의 길쭉한 '취청 오이'가 흔한데, 중국식 오이김치는 다다기 오이로 만들어야 아삭한 맛을 즐길 수 있다. 남은 오이는 물기 없이 종이에 싼 뒤 비닐봉지에 넣어 냉장고에 넣어두면 비교적 오래 보관할 수 있다.

>> **one plate menu** Autumn

December

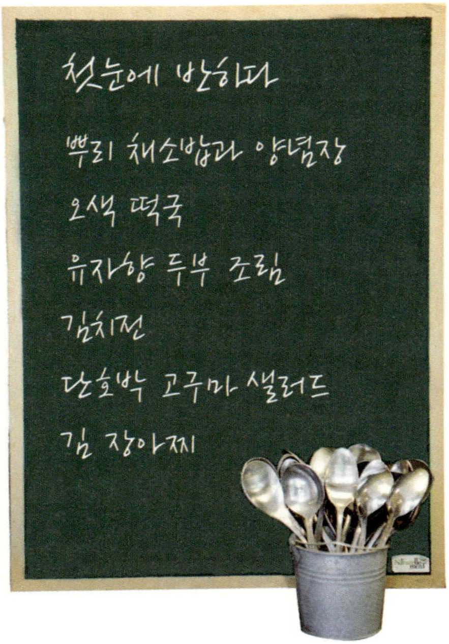

첫눈에 반하다

뿌리 채소밥과 양념장

오색 떡국

유자향 두부 조림

김치전

단호박 고구마 샐러드

김 장아찌

겨울 별미밥

뿌리채소밥과 양념장

언덕길에 있는 밥먹는 카페에 오시는 손님들은 숨이 차서 문을 열고 들어오자마자 메뉴판도 보지 않고 "빨리 밥 주세요"라고 해요. 꼭 학교 갔다 집에 들어와 엄마에게 밥 달라고 하는 것 같아 웃음이 날 때도 있어요. 언덕길을 올라오면서 힘들었을 손님이 기뻐하기를 바라며 뿌리채소밥 한 그릇을 내놓아요.

How to Cook

1. 쌀 1컵은 물에 씻어서 30분 정도 불린다.

겨울철에는 뿌리채소 대신 마른 나물이나 버섯을 넣어 밥을 해도 좋다

2. 우엉 1/4대, 당근 1/8개는 씻어서 껍질을 벗긴 후 2cm 길이로 썬다.

3. 냄비에 쌀과 우엉, 당근, 소금 약간을 넣고 물 1컵을 부어 밥을 짓는다.

Ingredients

2인분 [30분]

주재료
쌀 1컵
우엉 1/4대
당근 1/8개
소금 약간
물 1컵

양념장 재료
간장 2
고춧가루 0.5
맛술 1
참기름 1
깨소금 0.5
송송 썬 부추 약간

4. 밥을 짓는 동안 간장 2, 고춧가루 0.5, 맛술 1, 참기름 1, 깨소금 0.5, 송송 썬 부추를 약간 섞어 양념장을 만든다.

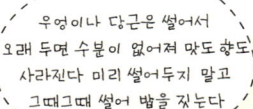

우엉이나 당근은 썰어서 오래 두면 수분이 없어져 맛도 향도 사라진다 미리 썰어두지 말고 그때그때 썰어 밥을 짓는다

5. 밥이 뜸이 들면 주걱으로 밥을 뒤적여 섞고 플레이트에 담은 후 양념장을 곁들인다.

 Cafe Owner's Tip

우엉 손질하기
우엉은 껍질을 벗겨 채썰어두면 색이 변한다는 이유로 물에 담가두거나 끓는 물에 식초를 넣어 데쳐서 많이 사용하지만 그렇게 하면 우엉의 제 맛을 느낄 수가 없다. 우엉은 껍질을 벗긴 후 그대로 채썰어 밥을 하거나 조림, 볶음 등을 하면 더 맛있다.

꽃이 피다

오색 떡국

설날 전주에는 국 대신 떡국을 끓여 내요.
미리 새해 복 많이 받으시라고 인사도 하면서 알록달록한 오색 떡을 넣어
떡국을 끓여드려요. 집에서는 끓여주어도 먹지 않는 떡국인데 카페에서 먹는 떡국은
맛있게 느껴진다고 하시네요. 집에서 엄마가 끓여주는 떡국이 우리 카페보다
더 맛있을 거라며 감사히 드시라고 훈계 아닌 훈계를 늘어놓기도 하지요.

How to Cook

미리 떡집에 주문하면 원하는 색의 가래떡을 만들어 주기도 한다. 오색떡을 진공 포장하여 판매하는 곳 (오색농장 http://blog.daum.net/kldbsz)도 있다.

1. 오색 떡국 1컵은 찬물에 10분 정도 담갔다가 건진다.

2. 간장 0.5, 설탕 약간, 다진 파 0.5, 다진 마늘 0.2, 참기름과 후춧가루를 약간씩 섞어 쇠고기 50g에 넣어 양념하여 팬에 볶는다.

3. 대파 1/6대는 송송 썰고, 달걀 1개는 소금을 약간 넣어 잘 풀어 얇게 지단을 부쳐 썰고, 김은 곱게 채썬다.

4. 냄비에 육수 3컵을 붓고 오색 떡국을 넣어 끓이다가 떡이 익으면 소금과 후춧가루로 간한다.

5. 떡국을 그릇에 담고 쇠고기, 대파, 달걀지단, 김을 올린다.

Ingredients

2인분 [30분]

주재료
오색 떡국 1컵
쇠고기(다진 것) 50g
대파 1/6대
달걀 1개
소금 약간
김 약간
육수 3컵
소금·후춧가루 약간씩

쇠고기 양념 재료
간장 0.5
설탕 약간
다진 파 0.5
다진 마늘 0.2
참기름·후춧가루 약간씩

Cafe Owner's Tip

떡국 육수 만들기

떡국 육수는 사골이나 양지 등을 푹 곤 쇠고기 육수나 멸치 국물 등이 적당하다. 또는 멸치와 북어 대가리를 넣어 끓인 국물도 괜찮다.

두부에
겨울옷을
입히다

유자향 두부 조림

유자향 두부 조림을 상에 내면 손님들은 두부에서 특별한 향이 난다고 이야기하세요.
어떨 때는 바로 알려드리기도 하고, 어떨 때는 퀴즈로 내기도 해요.
그러면 무엇일까 드시면서 계속 상상을 하시더라고요. 늘 차로만 마시는 유자청을
조림에 약간 넣으면 은은한 향도 나고 단맛도 있어 설탕을 따로 넣을 필요가 없어요.

How to Cook | **Ingredients**

2인분 [20분]

주재료
두부 1모
식용유 약간
실파 1줌
소금 약간

양념장 재료
간장 3
유자청 0.5
물 1/4컵
마른 고추 1개

두부 1모는 키친타월로 물기를 제거한다.

스테이크 모양으로 두툼하게 썰어 소금을 약간 뿌려 10분 정도 둔다.

팬에 식용유를 두르고 두부를 노릇하게 지진다.

 Cafe Owner's Tip

두부 조리기
두부를 노릇노릇하게 지져 조리면 두부의 모양이 부스러지지 않고 윤기 있게 졸여지며, 맛이 더 고소하다.

냄비에 간장 3, 유자청 0.5, 물 1/4컵, 마른 고추 1개를 넣고 끓여 바글바글 끓인다.

마른 고추는 미리 가위로 가늘게 채썰어 사용하면 편리하고 붉은색이 고명 역할도 한다

양념장이 끓으면 지진 두부를 넣어 양념을 끼얹어가며 조린다.

밥 먹는 카페 147

훌륭한 밥반찬

김치전

김치를 이용한 메뉴는 겨울에 자주 등장해요. 가을에 수확한 배추와 무로
김치를 담아 김치 냉장고에 보관해두었다가 김치전, 김치 소스, 김치를 넣은 무침,
볶음 등으로 플레이트에 담아요. 추운 겨울에는 기름진 음식을 적당히 먹으면
추위를 견디는 힘도 생기니 김치전은 겨울철 음식 보약이에요.

How to Cook

1. 배추김치 1/6포기는 소를 털어내고 송송 썬다.

반죽을 먼저 한 후 재료를 넣어야 부침가루가 멍울 지지 않는다

2. 부침가루 1컵과 물 1컵, 김치 국물 1/5컵을 한데 섞어 멍울이 지지 않도록 고루 섞는다.

Ingredients

2인분 [20분]

재료
배추김치 1/6포기(200g)
부침가루 1컵
물 1컵
김치 국물 1/5컵
식용유 약간

3. 반죽에 썰어놓은 김치를 넣어 섞는다.

전을 부쳐서 키친타월에 올려 기름을 빼지 말고 김발이나 채반에 올려 김을 날려보낸 후 보관한다

4. 달군 팬에 식용유를 두르고 반죽을 한 숟가락씩 떠넣고 앞뒤로 노릇하게 부친다.

Cafe Owner's Tip

바삭한 김치전 부치기
플레이트 메뉴를 구성할 때 영양을 고려하여 기름진 음식을 한 가지씩 넣는다. 그런데 전은 많은 양의 반죽을 미리 해두면 물이 생겨 묽어져서 부치기가 힘들다. 김치는 다져서 준비해두었다가 그때그때 반죽과 섞어서 사용하면 김치전이 더 바삭하다.

반찬과
디저트
사 이

단호박 고구마 샐러드

한식 메뉴가 많은 비중을 차지하는 오늘의 플레이트에 가끔 등장해서
반찬 겸 디저트 역할을 하는 메뉴예요. 단호박과 고구마의 달콤한 맛은
특히 여자 손님들이 좋아한답니다. 가을에 수확해서 저장해둔 고구마의 단맛이
물이 오를 대로 오르는 시기에 만들어야 더 맛있어요.

How to Cook

1. 단호박 1/4통은 껍질을 벗겨 깍둑썬다.

2. 고구마 1개는 물에 씻어 껍질을 벗겨 깍둑썰어 단호박과 함께 냄비에 담고 물 1컵과 소금을 약간 넣어 익힌다.

3. 단호박과 고구마가 익으면 불을 끄고 뜨거울 때 대충 으깬다.

4. 단호박과 고구마가 식으면 우유 1/4컵, 건포도 2를 넣어 섞는다.

5. 맛을 보아 단맛이 적으면 설탕 0.5를 넣어 섞는다.

> 단호박은 통풍이 잘되는 서늘한 곳에 보관하는 것이 좋다
> 단호박이 많을 때에는 쪄서 그대로 얼려두었다가 죽이나 수프를 끓여도 좋고 과일 등을 넣어 드레싱으로 활용한다

Ingredients

2인분 [30분]

재료
단호박 1/4통
고구마 1개
물 1컵
소금 약간
우유 1/4컵
건포도 2
설탕 0.5

단체 재료
단호박, 고구마 ▶ 감자

Cafe Owner's Tip

단호박 고구마 샐러드 담기

고소한 맛이 나는 아몬드나 땅콩, 호두 등의 견과류는 200℃의 오븐에서 2~3분 정도 구워 노릇해지면 샐러드 위에 약간 뿌린다.

원
플레이트의
숨은 맛

김
장
아
찌

밥먹는 카페 스태프들이 가장 좋아하는 메뉴예요. 매일 먹어도 맛있고
다른 반찬이 없어도 된다고 칭찬하는 반찬이랍니다. 사실 손이 많이 가서 이 메뉴를
내는 날에는 스태프들이 고생을 좀 해요. 김을 자르고 양념장을 끓이고 생강채를 곱게
썰고 김에 켜켜이 양념장을 넣어 재워야 하니 다른 음식보다 훨씬 시간이
들지만 손님에게 대접할 생각을 하면 즐겁게 만들 수 있는 메뉴예요.

 **How to Cook**

 **Ingredients**

8인분 [30분]

주재료
김 10장
생강채 1
실고추 1
통깨 1

양념장 재료
물 1/4컵
다시마(10×10cm) 2장
간장 4
물엿 2
고추장 1
맛술 2

1. 김 10장은 가위로 먹기 좋은 크기로 자른다.

   김은 김밥용 김을 쓰는 게 좋다

2. 물 1/4컵, 다시마 2장, 간장 4, 물엿 2, 고추장 1, 맛술 2를 냄비에 넣고 팔팔 끓여 식힌다.

3. 자른 김 5~6장에 양념장을 끼얹는다.

4. 양념장을 끼얹은 김에 생강채 1, 실고추 1, 통깨 1을 골고루 올린다.

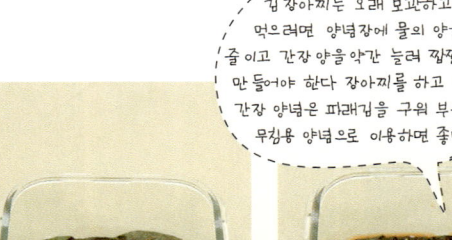

5. 다시 김 5~6장을 올린 뒤 남은 양념을 부어 양념이 김에 잠기도록 꼭꼭 누른다.

   김 장아찌는 오래 보관하고 먹으려면 양념장에 물의 양을 줄이고 간장 양을 약간 늘려 짭짤하게 만들어야 한다 장아찌를 하고 남은 간장 양념은 파래김을 구워 부숴서 무침용 양념으로 이용하면 좋다

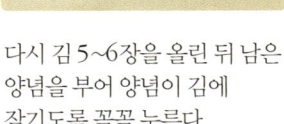

 Cafe Owner's Tip

김 장아찌 보관하기
김 장아찌는 마르지 않도록 촉촉하게 양념장을 끼얹어 꼭꼭 눌러두었다가 그릇에 담을 때에는 먹는 사람이 편하게 한 장씩 떼어서 담으면 좋다.

>> **one plate menu** Autumn

January

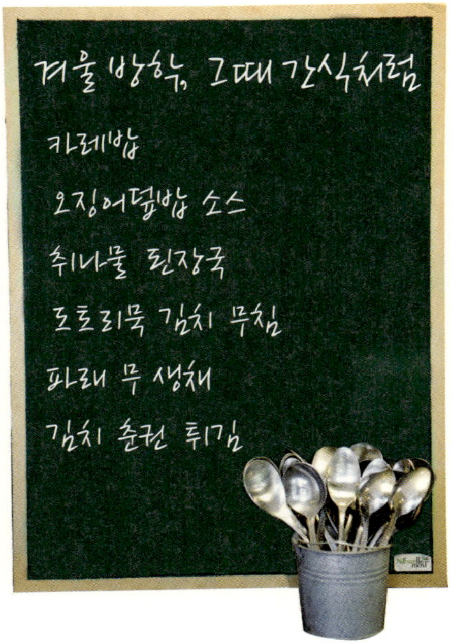

겨울 방학, 그때 간식처럼

카레밥

오징어덮밥 소스

취나물 된장국

도토리묵 김치 무침

파래 무 생채

김치 춘권 튀김

행복한 카페의 행복한 밥

카레밥

카레는 덮밥 소스로 끓여도 인기지만 카레밥을 내는 날에
더욱 인기가 많아요. 카페 문을 열면 커피 향보다 강한 카레 향이 나지만
그 카페 향이 방향제보다 좋다고들 하세요. 적은 재료비로 많은 분들을 기분 좋게,
무엇보다 건강하게 해줄 수 있다니 참 훌륭한 요리 같아요.

How to Cook

1. 쌀 1컵은 물에 씻어 30분 정도 불린다.

2. 물 1컵에 카레가루 0.5를 넣어 잘 푼다.

Ingredients

2인분 [20분]

재료
쌀 1컵
물 1컵
카레가루 0.5

3. 냄비에 쌀을 담고 카레 물을 부어 밥을 짓는다.

4. 밥이 뜸이 들면 주걱으로 대강 섞는다.

> 일반 인스턴트 카레는 너무 많이 넣으면 밥에 간이 되어 짭짤할 수 있으니 향과 색을 내려면 인스턴트 카레가루와 강황을 섞어서 사용하는 게 좋다

Cafe Owner's Tip

카레밥 활용하기
카레밥이 남으면 비닐팩에 넣어 냉동보관하고 채소와 해산물 등을 넣어 볶음밥을 만들면 새로운 메뉴가 된다.

겨울과의
싸움 필승
메뉴

오징어덮밥 소스

여느 식당의 평범한 메뉴인 오징어덮밥이 카레밥과 취나물 된장국,
도토리묵 김치 무침, 파래 무 생채, 김치 춘권 튀김과 한 그릇에 담기면 아주
특별해져요. 자칫 채소 섭취가 줄어들 수 있는 겨울철에 오징어와 함께 갖가지
채소도 함께 섭취할 수 있어 겨울 추위도 무섭지 않은 메뉴랍니다.

How to Cook

1 오징어 1마리는 껍질을 벗겨 오징어살 안쪽에 대각선으로 잔 칼집을 넣은 후 먹기 좋은 크기로 썬다.

2 양파 1/4개, 당근 1/8개, 양배추 1장은 굵게 채썬다.

3 홍고추 1/2개, 풋고추 1/2개, 대파 1/4대는 어슷하게 썬다.

4 고추장 2, 굴소스 1, 고춧가루 1, 설탕 1, 물엿 1, 다진 마늘 1, 다진 생강 약간, 참기름과 깨소금을 약간씩 넣어 양념장을 만든 후 오징어에 넣어 버무린다.

5 달군 팬에 고추기름을 약간 두르고 양파, 당근, 양배추를 넣어 볶다가 채소가 부드러워지면 양념한 오징어를 넣어 볶는다.

> 고추기름은 40℃ 정도로 데운 식용유 1컵에 고춧가루 1/3컵을 조금씩 부어 고춧가루가 바닥으로 가라앉으면 20분 정도 두었다가 걸러낸다 이때 더욱 매운맛을 내려면 청양 고춧가루를 넣는다

6 물 1/2컵을 넣어 끓으면 홍고추, 풋고추, 대파를 넣고 녹말물 2를 나누어 부어 걸쭉하게 농도를 맞춘다.

Ingredients

2인분 [25분]

주재료
오징어 1마리
양파 1/4개
당근 1/8개
양배추 1장
홍고추 1/2개
풋고추 1/2개
대파 1/4대
고추기름 약간
물 1/2컵
녹말물 2

양념장 재료
청고추장 2
굴소스 1
고춧가루 1
설탕 1
물엿 1
다진 마늘 1
다진 생강 약간
참기름·깨소금 약간씩

대체 재료
오징어 ▶ 주꾸미, 낙지, 돼지고기, 닭고기

Cafe Owner's Tip

오징어 껍질째 조리하기

마른 오징어를 구울 때 나는 독특한 냄새는 타우린이라는 성분 때문인데 타우린은 피로회복제이자 콜레스테롤을 분해하는 중요한 역할을 한다. 오징어의 껍질을 그대로 사용하면 약간 질기지만 타우린을 그대로 먹으려면 껍질째 요리하는 것이 좋다.

겨울 별미 된장국

취나물 된장국

20년간 식당을 운영하신 분이 취나물로 된장국을 끓인다고 하니
마른 취나물로 무슨 된장국을 끓이느냐고 하시더라고요. 끓여서 맛을 보여드리니
집에 있는 취나물로 된장국을 끓여야겠다며 한 그릇을 다 비우셨어요.

How to Cook

1. 취나물 30g은 찬물에 30분 정도 불렸다가 10분 정도 삶는다.

2. 청양고추 1개는 씨째 송송 다진다.

멸치가루는 국물용 멸치를 내장을 빼고 기름기 없는 팬에 바삭하게 볶아 커터기에 넣어 곱게 갈아서 사용한다.

3. 멸치가루 1, 된장 3, 다진 파 2, 다진 마늘 0.5를 섞어 양념장을 만든다.

4. 취나물은 먹기 좋은 길이로 잘라 양념장에 조물조물 무친다.

나물의 줄기가 딱딱하면 줄기가 부드러워지도록 오래 끓인다.

5. 냄비에 물 5컵을 넣고 끓으면 양념한 취나물을 넣어 5분 정도 더 끓인다.

6. 취나물이 익으면 다진 청양고추를 넣어 살짝 끓인다.

Ingredients

2인분 [30분]

주재료
취나물(마른 것) 20g
청양고추 1개
물 5컵

취나물 양념 재료
멸치가루 1
된장 3
다진 파 2
다진 마늘 0.5

Cafe Owner's Tip

마른 취나물 불리기
마른 취나물을 불릴 때에는 끓인 후 그 물에 그대로 담가두었다가 식으면 다시 끓인다. 줄기가 부드러워졌는지 확인한 후 이 과정을 1~2회 반복한다.

날씬해지는
밥반찬

도토리묵 김치 무침

겨울 하면 도토리묵이나 메밀묵이 떠올라요.
밤은 길고 긴 밤을 보내려고 하니 배는 자꾸 출출해지는데
야식은 다이어트에 도움이 되지 않으니 도토리묵이나 메밀묵을 찾게 되지요.
저칼로리로 다이어트에도 문제가 없고 맛도 있으니 딱 맞는 메뉴가 아닐까요.
운동량이 적은 겨울철 손님들을 위해 날씬한 메뉴로 준비했어요.

How to Cook

도토리묵 1/2모는 도톰하게 썬다.

오이 1/4개는 어슷하게 썰고, 양파 1/8개는 채썰고, 배추김치 1/2컵은 2cm 길이로 썬다.

깻잎 5장은 반을 갈라 채썰고, 홍고추 1/4개와 풋고추 1/4개도 채썬다.

간장 2, 고춧가루 2, 물엿 1, 설탕 0.5, 식초 1, 다진 마늘 0.5, 참기름 1을 한데 섞어 양념장을 만든다.

볼에 도토리묵, 오이, 양파, 배추김치를 담고 양념장을 넣어 살살 버무린다.

깻잎과 홍고추, 풋고추를 넣고 김가루 1, 통깨 약간을 솔솔 뿌려 살살 버무린다.

Ingredients

2인분 [20분]

주재료
도토리묵 1/2모
오이 1/4개
양파 1/8개
배추김치 1/2컵(50g)
깻잎 5장
홍고추 1/4개
풋고추 1/4개
김가루 1
통깨 약간

양념장 재료
간장 2
고춧가루 2
물엿 1
설탕 0.5
식초 1
다진 마늘 0.5
참기름 1

Cafe Owner's Tip

도토리묵 쑤기

도토리가루의 6배 정도의 물을 넣어 잘 푼 다음 소금을 약간 넣고 바닥이 두툼한 냄비에 넣어 저어가며 묵을 쑨다. 끓기 시작하면 불을 줄이고 바닥이 눌러붙지 않도록 골고루 젓는다. 또 묵은 오래 쑤어야 쫄깃쫄깃한 맛이 난다. 완전히 끓인 묵에 식용유를 약간 넣으면 매끈한 묵을 쑬 수 있다.

지극 정성,
엄마
마음으로

파래 무 생채

파래, 매생이, 다시마, 미역…… 바다 내음 가득한 해초류들이 겨울이면
그 진가를 발휘하지요. 향긋한 향도, 시원한 맛도,
착한 가격도 겨울에만 누릴 수 있는 특권이에요. 특히 파래 무 생채는 파래를
손질하기가 번거로워서 집에서는 잘 먹지 않는 분들을 위해 상에 내요.

How to Cook

무는 일정한 두께로 썰어야 양념이 골고루 밴다

1. 무 1/2토막은 3cm 정도로 일정한 두께로 채썬 후 소금 0.3을 넣어 골고루 버무린다.

2. 파래 1덩이는 물에 담가 바락바락 주물러 두세 번 씻는다.

3. 파래는 체에 밭쳐 손으로 물기를 꼭 짠 후 짧게 썬다.

남은 파래는 부침가루를 묽게 반죽하여 파래를 잘게 썰어 넣고 밀전병을 부치듯이 얇게 전을 부쳐도 된다

4. 무에 물이 생기면 식초 2, 설탕 1.5, 다진 파 1, 다진 마늘 0.5, 통깨를 약간 넣어 무친 후 파래를 넣어 버무린다.

Ingredients

2인분 [20분]

주재료
무(3cm 길이) 1/2토막(100g)
소금 0.3
파래 1덩이

양념 재료
식초 2
설탕 1.5
다진 파 1
다진 마늘 0.5
통깨 약간

Cafe Owner's Tip

파래 무 생채 변화 주기
플레이트의 구성에 따라 고춧가루를 넣어 무치기도 한다. 먼저 무채에 고춧가루로 물을 들인 후 나머지 양념을 넣어 무친 후 파래를 넣어 버무린다. 식초를 넣은 파래 반찬은 오래 두면 색이 변할 수 있으니 사용할 만큼씩 버무린다.

밥 먹는 카페 165

춘권
다툼으로
지은
인연

김치 춘권 튀김

바삭바삭한 춘권 튀김은 남의 플레이트에 있는 것을 탐내게 되는 메뉴래요.
나중에 먹으려고 아껴둔 춘권을 친구가 먹어서 서로 티격태격하며
웃는 소리가 들리더라고요. 한 접시 더 드렸더니 카페의 단골손님이 되었답니다.

How to Cook

1. 돼지고기 80g은 채썰어 소금과 후춧가루로 간한다.

2. 배추김치 1/2컵은 물기를 꼭 짜서 채썰고, 양파 1/4개, 피망 1/4개도 채썬다.

3. 팬에 식용유를 두르고 돼지고기를 넣어 볶다가 양파를 넣어 볶는다.

4. 돼지고기가 익으면 배추김치와 피망을 넣고 볶아 소금 간하여 완전히 식힌다.

5. 춘권에 ④를 올린 후 돌돌 말아서 춘권에 물을 발라 붙인다.

6. 김치 춘권 튀김을 180℃의 튀김 기름에서 노릇하게 튀긴다.

Ingredients

2인분 [30분]

재료
돼지고기 80g
소금·후춧가루 약간씩
배추김치 1/2컵(50g)
양파 1/4개
피망 1/4개
튀김 기름 적당량
소금 약간
춘권 6장

대체 재료
돼지고기 ▶ 오징어, 새우

Cafe Owner's Tip

춘권 보관하기
춘권은 냉동 상태로 판매한다. 해동시켜 한 장씩 떼어 사용하는데 미리 떼어놓으면 말라 부스러져 재료들을 넣어 싸기가 힘들다. 싸기 전에 한 장씩 떼어내고 사용하지 않을 때에는 젖은 면보자기를 덮어둔다. 남은 춘권은 밀폐 포장하여 냉동보관하거나 얇게 썰어서 튀긴 후 샐러드에 곁들여도 좋다.

>> **one plate menu** Autumn

February

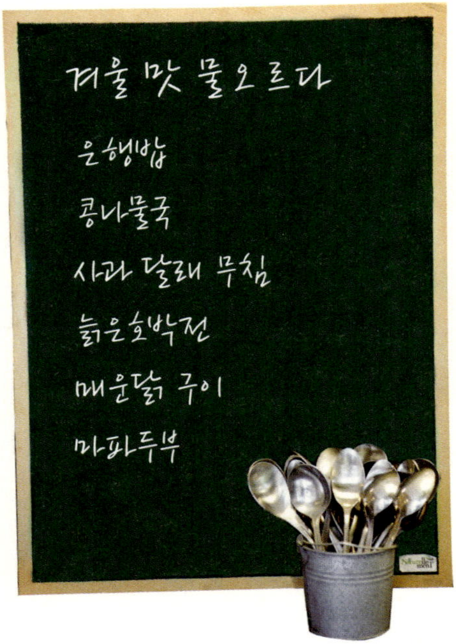

겨울 맛 물오르다

은행밥
콩나물국
사과 달래 무침
늙은호박전
매운닭 구이
마파두부

콩밥보다
맛 있 는

은
행
밥

밥먹는 카페 스태프들이 한 알 한 알 딱딱한 껍질을 벗기고 속껍질을 벗겨 지은
은행밥이에요. 가을철에 여기저기서 은행을 보내주시는 분들이 많은데 딱딱한
겉껍질이 있는 상태로 보내시거든요. 그래도 다행인 것이 냄새는 나지 않도록 깨끗하게
씻어 보내주세요. 냄새 나는 은행이지만 속 알맹이는 어느 재료보다 맛있답니다.

How to Cook

① 쌀 1컵은 물에 씻어 30분 정도 불린다.

많은 양의 은행을 손질할 때에는 팬에 식용유를 두르고 은행을 넣어 볶다가 은행 껍질이 몇 개 벗겨지면 키친타월이나 면보자기로 비벼 껍질을 벗겨 사용하고 남은 은행은 냉동 보관해야 오래 보관할 수 있다

② 은행 7~8알은 볶아서 속껍질을 벗긴다.

Ingredients

2인분 [20분]

재료
쌀 1컵
은행 7~8알
물 1컵

③ 냄비에 쌀과 은행을 넣고 물 1컵을 부어 밥을 짓는다.

④ 밥이 뜸이 들면 주걱으로 골고루 섞는다.

Cafe Owner's Tip

은행 요리 응용하기

은행은 밥에 콩처럼 넣어 먹기도 하고 볶음 요리에 조금씩 넣으면 고소한 맛과 색감이 잘 어울린다. 또 꼬치 요리에도 은행을 하나씩 꿰어 활용하면 좋다.

집밥을
생각나게
하는

콩나물국

아침 출근길의 지하철을 콩나물시루 같다고 하지요. 콩나물을 키우는 시루에 콩나물이 한창 자랄 때를 보면 딱 지하철 안 같아요.

물만 주면 쑥쑥 자라는 콩나물을 겨울 내내 카페에서 한번 키워봐야겠어요. 쑥쑥 뽑아 손님들에게 콩나물국을 끓여드리고 싶거든요.

How to Cook

1. 콩나물 150g은 다듬어 씻어 건진다.

2. 대파 1/4대, 홍고추 1/4개, 풋고추 1/4개는 어슷하게 썬다.

3. 냄비에 물 3컵과 콩나물을 넣고 뚜껑을 덮어 끓인다.

콩나물은 요리할 때 온도차가 나면 비린내가 나기 쉽다. 익지 않은 상태에서 뚜껑을 열면 온도가 떨어지면서 비린내가 나니 가열하는 중간에는 뚜껑을 열지 않는다

4. 콩나물이 익으면 국간장 1, 다진 마늘 0.3, 소금을 넣어 간을 맞춘다.

5. 대파, 홍고추, 풋고추를 넣고 한소끔 끓인다.

Ingredients

2인분 [20분]

재료
콩나물 150g
대파 1/4대
홍고추 1/4개
풋고추 1/4개
물 3컵
국간장(또는 참치 한스푼) 1
다진 마늘 0.3
소금 약간

 Cafe Owner's Tip

콩나물 맛내기
콩나물은 맛내기가 쉽지 않다. 콩나물국을 끓이기 위해 육수를 따로 뽑기가 번거롭다면 콩나물과 잘 어울리는 참치 한스푼을 이용해서 간단하게 맛을 내는 것도 좋다.

젓가락이
춤추는
사과 반찬

사과 달래 무침

사과가 많아서 만들게 된 메뉴예요. 맛있는 사과로 무치면 맛있는 사과 무침이 되고
맛없는 사과로 무치면 맛없는 사과 무침이 되니 주의하세요.
그냥 먹어도 맛있는 사과 무침은 고기 요리와 곁들이면 상큼함을 살릴뿐더러
사과가 소화제 역할도 해주는 터라 속도 꽤 편안하게 해줄 거예요.

How to Cook

사과 1/2쪽은 껍질째 깨끗이 씻어 4등분하여 씨를 제거하고 두툼하게 나박썬다.

달래 1/2줌은 다듬어 씻어서 물기를 뺀 후 4cm 길이로 썬다.

액젓 1, 고춧가루 0.3, 식초 1, 설탕 0.5를 한데 섞어 양념장을 만든다.

달래는 미리 버무려두면 숨이 죽어 신선한 맛과 향이 줄어들기 때문에 먹기 바로 전에 버무린다.

볼에 달래와 사과를 담고 참기름을 약간 넣어 버무린다.

양념장을 넣어 고루 버무린 후 검은깨를 솔솔 뿌린다.

Ingredients

2인분 [20분]

주재료
사과 1/2쪽
달래 1/2줌(50g)
참기름 약간
검은깨 약간

양념장 재료
액젓 1
고춧가루 0.3
식초 1
설탕 0.5

Cafe Owner's Tip

사과 손질하기

사과는 껍질째 사용해야 맛과 향은 물론 붉은 빛깔까지 살릴 수 있다. 사과의 붉은색은 달래의 초록색과 잘 어울려 식욕을 자극한다. 유기농 사과는 물에 씻어 사용하고, 그렇지 않은 사과는 자연 분해 세제에 담갔다가 흐르는 물로 씻어 낸다.

시간의
맛이
더해진

늙은호박전

방송 촬영 때문에 한 여자 연예인에게 늙은호박전을 만들어줄 기회가 있었어요.
흔하지 않은 정말 맛있는 전인데, 그 연예인이 요즘 나이 먹는 것 때문에 스트레스였는데
애호박전도 아니고 굳이 늙은호박전을 부쳤다며 서운해서 한바탕 웃었던
기억이 있어요. 시간이 오래될수록 진가를 발휘하는 것들이 있지요, 늙은호박처럼요.

How to Cook

Ingredients

2인분 [20분]

재료
늙은호박 1/8개
소금 약간
밀가루 1/2컵
식용유 적당량

① 늙은호박의 껍질은 자른 단면을 바닥에 눕혀 놓고 칼을 위에서 아래로 자르듯이 껍질을 벗긴다

② 늙은호박은 단맛이 있어 타기 쉬우므로 가늘게 채썰어 전을 부쳐야 타지 않고 속까지 익는다

늙은호박 1/8개는 씨를 털어내고 껍질을 벗기는데, 호박 속의 실 같은 것은 긁어버리지 말고 그대로 넣는다.

손질한 늙은호박을 곱게 채썬다.

③ 늙은호박의 단맛 성분 때문에 부침가루를 넣으면 짠맛이 아주 강하게 느껴지니 일반 밀가루를 사용하는 것이 좋다

④ 호박은 굵게 채썰어 부치면 속은 잘 익지 않고 겉은 타기 쉽다 얇게 채썰어 식용유를 넉넉히 두르고 지지는 것이 좋다

채썬 늙은호박에 소금을 약간 넣고 살짝 절여 물기가 생기면 밀가루 1/2컵을 넣어 반죽한다.

팬에 식용유를 두르고 호박 반죽을 한 숟가락씩 떠넣어 앞뒤로 노릇하게 지진다.

 Cafe Owner's Tip

늙은호박 보관하기와 요리하기

늙은호박은 겉으로 보기에는 멀쩡해도 통풍이 잘 안 되는 아래쪽이 상하는 일이 많은데 살펴보지 않으면 눈에 띄지 않아 못 먹고 버리는 불상사가 생길 수도 있다. 서늘하고 통풍이 되는 곳에 보관하고 그렇지 않으면 썰어서 새우젓을 넣고 조림을 하거나 늙은호박을 깔고 갈치나 고등어 등을 넣어 조리거나 김치찌개 등에 넣어 요리한다.

밥 먹는 카페 **177**

스트레스여,
안녕

매운 닭 구이

일본에서는 몇 해 전부터 매운맛이 나는 요리가 대유행이라고 들었어요. 특히 고추기름의 인기가 대단한데 밥, 라면, 파스타, 햄버거에까지 뿌려 먹는 제품들이 등장했다고 하네요. 일본에서는 침체된 경기 때문에 매운 요리가 더 인기라고 하는데…… 카페를 찾는 손님들이 화끈하게 매운 요리로 스트레스를 푸셨으면 하는 바람으로 매운 메뉴도 내놓았어요.

How to Cook

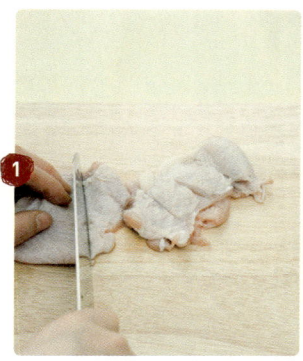

1. 닭 다리살 400g은 껍질 쪽으로 칼집을 넣는다.

2. 대파 1대는 곱게 채썰어 찬물에 담갔다가 체에 밭쳐 물기를 뺀다.

매운맛을 더 강하게 하기 위해 고추의 매운맛인 캡사이신 제품을 넣었는데, 매운맛이 싫으면 캡사이신은 넣지 않아도 된다

3. 고추장 3, 간장 1, 고춧가루 1, 캡사이신 약간, 설탕 1, 물엿 1, 다진 마늘 2, 다진 생강과 참기름, 깨소금을 약간씩 섞는다.

Ingredients

2인분 [30분]

주재료
닭 다리살 400g
대파 1대

양념장 재료
고추장 3
간장 1
고춧가루 1
캡사이신
(또는 청양고춧가루) 약간
설탕 1
물엿 1
다진 마늘 2
다진 생강 약간
참기름·깨소금 약간씩

양념한 닭고기는 속이 익기 전에 양념이 타기 쉽다 팬에 구울 때에는 은근한 불에서 양념이 타지 않고 속이 잘 익도록 정성 들여 굽는다

4. 닭 다리살에 양념장을 넣어 버무려 재운다.

5. 기름을 두른 팬이나 200℃의 오븐에서 닭고기를 구운 후 먹기 좋은 크기로 썰어 플레이트에 담고 대파를 곁들인다.

Cafe Owner's Tip

양념이 타지 않도록 굽기
양념에 재워두었던 닭을 구우면 닭고기가 채 익기 전에 양념이 타기 쉽다. 오븐이나 그릴에 구우면 부드럽게 익으면서 양념은 타지 않는다. 한꺼번에 많은 양을 구워야 할 때에는 애벌구이를 했다가 손님상에 내기 전에 한 번 더 구우면 더 맛있다.

카페
메뉴로
데뷔한

마파두부

중국집 마파두부는 연두부로 만든다고 하네요. 보들보들한 연두부를 양념에 버무릴 때 부서뜨리지 않고 모양이 그대로 잘 유지되도록 마파두부를 만들 수 있느냐에 따라 중국집 주방장의 실력이 판가름 난다고 하니 만만하게 볼 메뉴는 아니에요. 밥먹는 카페에서는 연두부 마파두부가 자신이 없어 그냥 두부로 만들어요.

How to Cook

1. 두부 1모는 1.5cm 크기의 주사위 모양으로 썬다.

2. 대파 1/4대와 풋고추 1개는 반으로 갈라 송송 썬다.

3. 달군 팬에 고추기름 1을 두르고 다진 파, 다진 마늘 0.5, 다진 생강을 약간 넣어 볶다가 향이 나면 돼지고기 50g을 넣어 볶는다.

4. 물 1/2컵을 붓고 한소끔 끓으면 두반장 1.5, 굴소스 0.5, 설탕 0.3, 소금과 후춧가루를 약간씩 넣어 간을 맞춘다.

돼지고기 대신 햄을 다져 햄 마파두부를 만들어도 된다

5. 두부를 넣어 끓인 후 녹말물 2를 조금씩 나눠 넣어가며 농도를 맞춘다.

Ingredients

2인분 [20분]

주재료
두부 1모
돼지고기(다진 것) 50g
녹말물 2

소스 재료
대파 1/4대
풋고추 1개
고추기름 1
다진 마늘 0.5
다진 생강 약간
물 1/2컵
두반장 1.5
굴소스 0.5
설탕 0.3
소금·후춧가루 약간씩

Cafe Owner's Tip

두반장 활용하기

마파두부의 필수 재료인 두반장은 매운맛과 짠맛을 내는 중국 양념이다. 고추와 콩을 원료로 한 양념으로 마파두부, 볶음밥, 각종 볶음 요리, 또는 튀김에 찍어먹는 용도로 활용해도 좋다. 두반장은 개봉을 한 후에는 꼭 냉장보관한다.

진짜 도시락을 먹을 수 있는 카페가 있다면……

유년 시절의 설렘이었던 소풍과 도시락.

카페로 소풍 온 기분을 느낄 수 있게

손님들에게 내고 싶었어요.

밥먹는 카페에서는 이미 오늘의 원 플레이트가

터줏대감을 자처하고 있으니,

도시락은 봄바람 살랑살랑 부는 봄날 오후나

한없이 쓸쓸해지는 가을날

깜짝 메뉴로 선보여야겠어요.

CHAPTER 2

One Lunch Box

밥먹는 카페의 원 런치 박스

>> **Lunch Box**

소풍가기 전날 밤

Meal 두부 김밥
Side dish 메추리알 꽈리고추 조림
Dessert 컵과일과 요구르트

Tip
도시락을 쌀 때 고민이 되는 도시락 가방. 손수건이나 자투리 천으로 도시락 보자기를 만들어 사용하면 좋아요.
카페에서 도시락 메뉴를 낼 때, 이렇게 보자기로 싸서 음식을 내면 "뭘까?" 하면서 손님들이 흥미롭게 쳐다보곤 하신답니다.

다이어트
김밥

두부 김밥

소풍 가는 날은 아침부터 설레지요. 친구들과 학교를 벗어나 새로운 곳으로 가는 재미도 있지만 집집마다 다른 스타일의 김밥을 먹는 날이었으니까요.
요즘은 김밥집들이 많이 생기면서 소풍 가는 도시락에 다들 똑같은 김밥이 들어 있거나 단체로 김밥을 주문한다고도 하니 왠지 모르게 씁쓸하네요.
소풍 김밥을 먹을 일이 거의 없는 어른 손님들을 위해 말아보았어요.

How to Cook

1. 밥 1+1/2공기는 따끈하게 준비하여 소금, 참기름, 깨소금을 약간씩 넣어 고루 섞는다.

2. 두부 1/2모는 사방 2cm 두께로 썰어 소금을 약간 뿌려두었다가 물기를 없앤다.

3. 달군 팬에 기름을 두르고 두부를 넣어 노릇하게 지진다.

4. 간장 1, 물엿 1, 물 3, 설탕을 약간 섞어 넣고 두부를 졸인다.

5. 당근 1/4개, 오이 1/2개는 각각 채썰어 팬에 식용유를 두르고 볶다가 소금으로 간한다.

6. 김 위에 밥을 얇게 펴고 준비한 재료를 올린 후 돌돌 말아 먹기 좋은 크기로 썬다.

Ingredients

2인분 [30분]

주재료
밥 1+1/2공기
두부 1/2모
당근 1/4개
오이 1/2개
단무지 2개
김(김밥용) 2장
소금 약간
식용유 적당량

밥 양념 재료
소금·참기름·깨소금 약간씩

두부 조림장 재료
간장 1
물엿 1
물 3
설탕 약간

대체 재료
두부 ▶ 유부, 곤약

Cafe Owner's Tip

두부 지지기

많이 싸야 할 때에는 두부를 튀기는 것이 더 빠르다. 두부에 소금을 뿌린 후 수분을 제거하고 170℃의 튀김 기름에 튀긴 후 기름의 온도가 다시 높아지면 노릇노릇하게 한 번 더 튀긴다. 이렇게 튀긴 두부는 그때그때 조림장에 조려서 김밥을 말아도 좋고, 두부 조림으로 먹어도 된다. 두부를 튀길 때에는 넓고 평평한 일반 팬을 써야 두부가 부스러지지 않는다.

손님들이
방긋
웃는다

메추리알 꽈리고추 조림

메추리알 조림은 남녀노소 누구나 좋아하는 메뉴예요.
달걀 장조림은 노른자를 빼고 먹는 사람도 있지만, 메추리알은 한입에 쏙 들어가고
달걀노른자처럼 퍽퍽하지 않기 때문인지 남기는 분이 없어요.
껍질을 까는 수고로움이 있지만 손님들이 좋아하니 자주 만들게 돼요.

How to Cook

1. 메추리알 10개는 끓는 물에 소금을 약간 넣고 5분 정도 삶아 찬물에 헹궈 껍질을 벗긴다.

2. 꽈리고추 6개는 꼭지를 떼고 큰 것은 골라 반으로 자른다.

3. 물 1/2컵, 다시마 1장, 간장 2, 물엿 1, 설탕 0.5를 한데 넣어 끓인다.

4. 메추리알을 조림장에 넣고 조려 국물이 거의 졸아들면 꽈리고추를 넣어 익힌다.

5. 꽈리고추가 익으면 참기름을 약간 두르고 섞는다.

> 꽈리고추는 씻어서 물기를 뺀 후 꼭지를 떼야 꽈리고추의 맛이 빠지지 않는다

Ingredients

2인분 [20분]

주재료
메추리알 10개
소금 약간
꽈리고추 6개

조림장 재료
물 1/2컵
다시마(5×5cm) 1장
간장 2
물엿 1
설탕 0.5
참기름 약간

Cafe Owner's Tip

메추리알 삶기

메추리알은 일반적으로 플라스틱 팩에 포장되어 있어 하나하나 꺼내어 삶기 힘들다. 끓는 물에 소금을 넣고 플라스틱 팩 한쪽 끝을 끓는 물에 넣으면 팩이 벌어지면서 메추리알이 쏟아져나와 냄비로 들어가니 깨지지 않고 쉽게 삶을 수 있다. 메추리알은 삶아서 찬물에 빨리 담가야 껍질이 잘 벗겨진다.

건 강
디 저 트

컬 과일과 요구르트

상큼한 과일은 도시락에 잘 어울려요.
알록달록 색깔도 보기 좋지만 식사 후의 디저트로도 손색이 없어요.
플레인 요구르트도 곁들이니 건강을 생각하는 분들에게도 좋은 메뉴예요.

How to Cook

① 파인애플, 딸기, 키위 등 제철과일은 먹기 좋은 크기로 썬다.

② 준비한 과일을 그릇에 담고 플레인 요구르트를 끼얹는다.

③ 아몬드 약간은 팬에 넣어 노릇하게 굽는다.

④ ②에 구운 아몬드를 뿌린다.

민트를 화분에 키워서 요구르트를 넣는 메뉴나 음료에 활용하면 신선한 향이 나서 잘 어울린다

Ingredients

2인분 [10분]

재료
파인애플·딸기·키위 약간씩
플레인 요구르트 1통
아몬드 약간

대체 재료
플레인 요구르트 ▶ 생크림

Cafe Owner's Tip

플레인 요구르트 만들기
우유 1ℓ를 전자레인지에 1분 정도 데워 미지근해지면 플레인 요구르트 100㎖와 섞어 요구르트 제조기나 요구르트 발효 기능이 있는 오븐에서 4시간 정도 발효시키면 된다. 플레인 요구르트는 요리에 넣거나 과일잼이나 과일 등에 섞어서 수제 요구르트를 만들 수 있다.

>> **Lunch Box**

오리엔탈풍 도시락

Meal 숙주 볶음밥

Side dish 감자칩과 닭안심 튀김

Dessert 팥을 올린 두부 경단

Tip

모양틀에 밥을 넣고, 모양을 잡아 도시락에 담으면 시각을 자극하여 식욕을 돋게 할 뿐만 아니라 밥 용기에 자리하게 하는 일석이조의 효과를 누릴 수 있어요. 모양틀이 없을 때는 손으로 삼각형이나 원형 모양을 빚으면 된답니다.

요리사를
춤추게
하는

숙주 볶음밥

숙주는 차례상이나 제사상에 오르는 [재료라고] 생각하시나요?
카페에서 숙주 볶음밥을 내면 특별한 재료라고 생각하세요.
이 볶음밥 때문에 숙주를 먹게 되었다고 이야기하는 분들이 많아요.
새로운 요리법에 또 찾고 싶은 카페를 만드는 레시피예요.

How to Cook

1. 숙주 1/2줌, 새우살 1/4컵은 물에 씻어 건진다.

2. 피망 1/4개, 양파 1/4개는 굵게 다지고, 대파 1/2대는 송송 썬다.

3. 팬에 고추기름을 약간 두르고 양파를 넣어 볶는다.

4. 양파가 투명하게 익으면 새우살을 넣어 볶다가, 우스터 소스 1, 매운맛 굴소스 1을 넣어 볶는다.

밥은 따끈해야 양념과 잘 섞인다

5. 따끈한 밥 2공기를 넣어 볶다가 밥이 양념과 버무려지면 숙주와 피망, 대파를 넣어 볶다가 재료가 익으면 소금과 후춧가루로 간을 맞춘다.

Ingredients

2인분 [30분]

재료
밥 2공기
숙주 1/2줌(50g)
새우살 1/4컵
피망 1/4개
양파 1/4개
대파 1/2대
고추기름 약간
우스터 소스 1
굴소스(매운맛) 1
소금·후춧가루 약간씩

대체 재료
새우살
▶ 쇠고기, 닭고기, 햄 등

Cafe Owner's Tip

많은 양의 볶음밥 만들기
볶음밥을 많이 할 때에는 채소와 밥을 한꺼번에 볶으면 밥이 떡지고 채소는 수분이 다 빠져 질겨진다. 따끈한 밥을 양념하고 채소는 각각 볶아서 간을 하여 준비해두었다가 주문이 들어오면 밥과 볶아둔 재료를 섞어 낸다.

술 안주가
도시락
메뉴로

감자칩과 닭안심 튀김

어느 치킨집 메뉴를 따라해보았어요. 처음 그 치킨집에서 먹어본
닭고기 안심 튀김은 감동적이었어요. 먹기에 편하고 감자칩에 올려진 닭고기 안심이
푸짐해 보이더라고요. 치킨집의 인기 메뉴인 닭 다리와 닭 날개는 없고,
닭 안심만 있어 아쉬워하는 분들도 있는데, 맛보시면 생각이 달라질 거예요.

How to Cook

1. 감자 1개는 껍질을 벗기고 슬라이스 채칼을 이용해서 얇게 슬라이스한다.

물에 너무 오래 담가두면 감자의 녹말이 다 빠져 맛이 없으니 색이 변하지 않도록 담갔다가 바로 건져 물기를 없앤다

2. 슬라이스한 감자는 찬물에 담갔다가 건져 물기를 뺀다.

3. 닭고기 8조각은 키친타월로 물기를 제거하고 카레가루 1을 넣어 조물조물 버무린다.

4. 튀김가루 1/2컵에 물 1/2컵을 부어가며 멍울지지 않게 반죽한다.

5. 180℃의 튀김 기름에 감자를 넣어 바삭하게 튀겨 뜨거울 때 소금을 솔솔 뿌려 접시에 담는다.

6. 170℃의 식용유에서 양념한 닭고기 안심을 튀김옷에 입혀 바삭하게 튀겨 감자칩에 얹고 스위트 칠리 소스를 곁들인다.

Ingredients

2인분 [30분]

재료

감자 1개
닭고기(안심) 8조각
카레가루 1
튀김 기름 1/2컵
물 1/2컵
식용유 적당량
소금 약간
스위트 칠리 소스 약간

Cafe Owner's Tip

카페에서 닭 튀기기

닭 튀김은 카페의 환기시설이 부실하면 기름 냄새가 쉽게 없어지지 않기 때문에 선뜻 용기가 나지 않는다. 튀김 기름의 온도가 너무 가열되면 기름 냄새가 더 많이 날 수 있으니 온도를 잘 맞추고 반드시 환기를 시킨다. 또 튀김을 하고 남은 기름은 키친타월을 깐 체에 걸러서 어둡고 서늘한 곳에 보관하면 1~2회 정도 더 사용할 수 있다.

팥,
활약하다

팥을 올린 두부 경단

팥은 동지에 끓여 먹는 팥죽이 가장 대표적이죠.
팥의 붉은색이 재앙과 악귀를 물리친다고 생각하여 팥죽을 쑤어
집안의 평안을 기원했어요. 팥은 영양가도 뛰어나지만 소화 흡수율도 좋아요.
팥을 활용한 디저트를 만들었어요.

Ingredients

2인분 [30분]

재료
두부 1/4모
찹쌀가루 1컵
유자차(또는 유자청) 0.3
소금 약간
삶은 팥(팥빙수용) 2

How to Cook

볼에 두부 1/4모, 찹쌀가루 1컵, 유자차 0.3을 넣고 손으로 으깨면서 찹쌀가루가 덩어리 없이 부드럽게 뭉쳐질 때까지 반죽한다.

반죽을 2cm 지름의 한입 크기로 동그랗게 빚는다.

동그랗게 빚어 속까지 잘 익을 수 있도록 엄지손가락으로 경단의 가운데를 살짝 누른다.

냄비에 넉넉한 양의 물을 끓여 소금을 약간 넣고 경단을 넣고 삶는다.

경단이 물 위로 떠오르면 1분 정도 기다렸다 체로 꺼내 찬물에 담가 바로 식힌다.

그릇에 두부 경단을 담고 삶은 팥 2를 얹어 낸다.

두부의 수분 함량에 따라 반죽이 달라질 수 있으니 반죽이 말랑할 정도로 반죽하고 수분이 부족하면 물을 약간 더 넣는다

 Cafe Owner's Tip

찹쌀가루 보관과 반죽하기
찹쌀가루는 냉동보관해야 한다. 또 해동했다가 다시 냉동한 후 재차 해동하면 상하기 쉬우므로 사용할 만큼씩 비닐팩에 담아 냉동보관해두는 것이 좋다. 또 처음 반죽했을 때보다 한덩어리로 뭉치면 더 질어지므로 되기 조절을 잘하면서 반죽해야 한다.

밥 먹는 카페

>> **Lunch Box**

환상의 점심 만찬

Meal 등갈비찜 덮밥
Side dish 비트 연근 피클
Dessert 고구마 맛탕

Tip
도시락 용품점에 가면 종이로 만든 친환경 용기가 제법 눈에 많이 띄어요. 디자인도 소장하고 싶을 만큼 뛰어난 것들이 많더라구요.
종이 도시락은 도시락을 담아도 좋고, 쿠키나 머핀 등을 담아 선물하기에도 좋습니다.

도시락을 열면

등갈비찜 덮밥

요즘은 식재료를 구하기가 참 쉬워져서 요리하는 재미가 있어요.
불과 몇 년 전만 해도 재료 구하기가 어려워 포기했던 메뉴들이 제법 있는데,
돼지 등갈비도 그중 하나였어요. 귀한 몸이었던 등갈비를
이제는 쉽게 구할 수 있으니 다양한 요리에 도전하고 있어요.

How to Cook

1. 돼지 등갈비 1대는 찬물에 30분 정도 담갔다가 끓는 물에 넣고 데쳐 건진다.

2. 마른 표고버섯 2개는 찬물에 불려 물기를 꼭 짜서 채썬다.

3. 삶은 돼지 등갈비에 물 4컵과 양파 1/4개, 사과 1/4개, 대파 1/4대, 마늘 3쪽, 생강을 약간 넣어 센 불로 끓인다.

Ingredients

2인분 [1시간]

주재료
밥 2공기
돼지 등갈비 1대
마른 표고버섯 2개
물 4컵
양파 1/4개
사과 1/4개
대파 1/4대
마늘 3쪽
생강 약간

갈비 양념 재료
간장 3
설탕 1
물엿 1
맛술 2
후춧가루·참기름 약간씩

4. 국물이 끓으면 은근한 불로 줄여 30분 정도 끓인다.

5. 등갈비가 부드러워지면 채소를 건져내고 간장 3, 설탕 1, 물엿 1, 청주 2, 후춧가루와 참기름을 약간씩 넣어 조린다.

6. 국물이 잦아들면 표고버섯을 얇게 썰어 넣고 조린다.

Cafe Owner's Tip

등갈비 손질하기
등갈비는 찬물에 담가 충분히 핏물을 제거한 후 끓는 물에 향신료나 향신채소를 넣어 은근한 불에 부드럽게 삶아 양념장을 발라 구워야 한다. 양념은 두세 번 덧발라가며 구워야 양념이 골고루 배어 맛있다.

도시락에
핀
붉은 연꽃

비트 연근 피클

연근은 연꽃의 뿌리예요. 길쭉하게 생긴 뿌리를 잘라보면 신기하게도 여러 개의 구멍이 숭숭 뚫려 있어 연근처럼 예쁘게 생긴 뿌리채소가 있다는 것이 가끔은 고마울 때도 있어요. 비트로 살짝 물들인 연근 피클을 보면 붉은색 연꽃이 떠오르기도 해요.

How to Cook

 Ingredients

8인분 [20분]

주재료
연근 2개
비트 약간

초절임 양념 재료
물 1컵
식초 3/4컵
설탕 1컵
소금 2
피클링 스파이스 1

남은 연근은 그냥 비닐팩에 넣어 보관하면 쉽게 상할 수 있으니 신문지에 잘 싸서 비닐팩에 넣어 보관한다.

연근 2개와 비트 약간은 물에 씻어 껍질을 벗기고 얇게 썬다.

냄비에 물 1컵, 식초 3/4컵, 설탕 1컵, 소금 2, 피클링 스파이스 1을 넣어 끓인다.

플라스틱 용기보다 유리 용기를 사용한다

연근과 비트를 밀폐용기에 담고 뜨거울 때 초절임 양념을 붓는다.

뜨거운 김이 날아가면 뚜껑을 덮어 냉장고에서 보관한다.

 Cafe Owner's Tip

비트 보관하기

비트는 조금만 사용해도 색이 진하게 우러난다. 사용하고 남은 비트는 비닐팩에 넣어 냉장고 야채칸에 보관해두었다가 사용한다. 샐러드에 채썰어 조금씩 올리거나 해초류 무침 등에 넣으면 시각적으로 식욕을 돋운다.

텃밭에서
키운
고구마로

고구마 맛탕

시골에 작은 텃밭이 있는데 매년 고구마를 빠뜨리지 않고 심어요.
밤고구마, 호박고구마, 보라색 고구마를 골고루 심어서 여름에는
고구마 줄기로 조림이나 나물을 해먹고, 가을이 되면 고구마를 쪄먹으면서
한 해 농사의 기쁨을 느껴요. 가끔 고구마 맛탕을 해서 단골손님들께 드리면
세상에서 가장 맛있는 메뉴라고 칭찬을 아끼지 않으세요.

How to Cook

1. 고구마 2개는 껍질째 깨끗이 씻어 길쭉하게 썰어 찬물에 담갔다가 건져 물기를 뺀다.

2. 170℃의 튀김 기름에 고구마를 넣어 속까지 익도록 튀겨 기름을 뺀다.

3. 설탕 1/4컵에 물 2를 넣어 젓지 말고 끓인다.

4. 설탕이 녹으면 물엿 2를 넣어 섞는다.

5. 튀긴 고구마를 넣어 버무린 후 검은깨를 솔솔 뿌린다.

> 물에 설탕, 꿀, 물엿 등을 넣어 가열하면 온도가 높아진다 적은 양이라도 뜨거우니 시럽을 만들 때에는 특히 주의한다

Ingredients

2인분 [30분]

재료
고구마 2개
튀김 기름 적당량
설탕 1/4컵
물 2
물엿 2
검은깨 약간

Cafe Owner's Tip

고구마 한 박스 이용하기

고구마는 서늘한 곳에 잘 보관하면 시간이 지날수록 단맛이 증가해서 더 맛있는 고구마를 먹을 수 있다. 그러나 하나가 썩기 시작하면 다 같이 썩을 수 있으니 잘 보관한다. 보관이 어려울 때에는 썰어서 고구마 밥하기, 쪄서 으깨어 생크림과 섞어 고구마 무스를 만들어 고구마 케이크로 이용하거나 얇게 썰어서 고구마전, 고구마 수프, 죽으로 다양하게 활용한다.

>> Lunch Box

어린이 입맛을 가진 어른에게

Meal 밥을 넣은 달걀말이
Side dish 우엉 쇠고기 조림
Dessert 그린 샐러드

Tip
반찬을 담을 때 플라스틱 컵, 실리콘 컵, 베이킹 컵 등을 이용하면 도시락의 모양을 잡기에도 편리하고, 보기에도 좋아요. 또 아이들용 도시락을 싼다면 아이들이 좋아하는 캐릭터 포크도 함께 넣어주세요.

먹기
편한 밥

밥을 넣은 달걀말이

도시락으로 준비하는 밥은 식어도 먹기에 불편함이 없는 메뉴가 좋아요.
밥에 채소와 멸치를 넣어 볶아 두껍게 달걀을 말면 식어도 부담스럽지 않아요.
돌돌 말아 잘 만들 자신이 없어도 뜨거울 때 김발로 말아서
모양을 잡으면 누구나 쉽게 만들 수 있으니 도전해보세요.

How to Cook

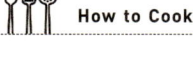

달걀은 소금을 넣어 미리 풀어놓아야 멍울이 지지 않고 흰자와 노른자가 잘 섞여서 달걀말이가 잘 된다

1. 달걀 3개는 잘 풀어서 소금으로 간한다.

2. 잔멸치 2는 잡티를 제거하고 마른 팬에 볶아서 따로 둔다.

3. 당근 1/8개는 곱게 다지고, 실파 4뿌리는 송송 썬다.

Ingredients

2인분 [20분]

재료
달걀 3개
소금 약간
잔멸치 2
당근 1/8개
실파 4뿌리
흑미밥 1공기
간장 1
소금·후춧가루 약간씩
식용유 약간

달걀말이는 뜨거울 때 김발에 말아서 누르거나 동그랗게 말면 모양이 그대로 잡힌다

4. 팬에 식용유를 두르고 당근을 볶다가 흑미밥 1공기를 넣어 볶다가 간장 1, 잔멸치를 넣은 후 소금, 후춧가루로 간한다.

5. 풀어둔 달걀에 실파를 넣어 섞고 사각형 팬에 달걀물 일부를 넣어 익힌다.

6. 달걀이 다 익기 전에 볶아둔 흑미밥을 넣어 말고 다시 달걀물을 넣어 반복해서 말아 한 김 식으면 적당한 크기로 썬다.

Cafe Owner's Tip

달걀말이 모양 잡기
달걀말이는 사각 프라이팬에 부치면 모양 잡기에 좋다. 또 달걀물이 완전히 익은 후에 말면 잘 붙지 않고 풀어질 수 있으니 달걀물이 약간 남아 있을 때 달걀을 말아야 한다. 그리고 지그시 눌러가며 말면 모양이 예쁘게 말린다.

슈퍼 푸드
우엉

우엉 쇠고기 조림

우엉은 아삭아삭 씹히는 맛과 독특한 향이 있어 요리할수록 매력적인 재료예요.
식이섬유도 풍부하여 변비로 고생하시는 분들에게 꼭 추천해드리고 싶어요.
또 육류 소비가 많은 요즘 콜레스테롤 수치도 낮춰주니 갈색 음식 보약이네요.

How to Cook

말이용 쇠고기는 우둔살을 얇게 썰어서 사용하면 잘 찢어지지 않는다

1. 쇠고기 150g은 소금, 후춧가루를 살짝 뿌려 밑간한다.

2. 우엉 1/2대는 칼등으로 껍질을 벗긴 후 굵게 채썬다.

3. 끓는 물에 소금을 넣고 우엉을 살짝 데쳐서 건진다.

4. 쇠고기를 넓게 편 후 우엉을 넣어 돌돌 만다.

5. 간장 2, 굴소스 0.3, 물엿 1, 맛술 1, 설탕 0.5, 편으로 썬 마늘, 후춧가루와 참기름을 약간씩 섞어 조림장을 만든다.

6. 달군 팬에 우엉 쇠고기말이를 넣어 돌려가며 살짝 굽다가 조림장을 넣고 윤기 나게 조린다.

Ingredients

2인분 [30분]

주재료
쇠고기(불고기용) 150g
소금·후춧가루 약간씩
우엉 1/2대
식용유 적당량

조림장 재료
간장 2
굴소스 0.3
물엿 1
맛술 1
설탕 0.5
마늘(편으로 썬 것) 2쪽
후춧가루·참기름 약간씩

Cafe Owner's Tip

쇠고기 준비하기
쇠고기의 두께가 두꺼우면 말아서 졸였을 때 접착이 잘되지 않아 풀어질 수 있으므로 가능한 얇게 썬다. 또 우엉과 함께 마늘종이나 당근 등을 넣어 졸이면 색도 맛도 더 좋다.

밥 먹는 카페 213

배불리
먹어도
좋은

그린 샐러드

밥먹는 카페에서는 어떤 메뉴라도 싱싱한 채소를 그대로 먹을 수 있도록 레시피를 구성해요. 육류 요리는 어디서나 먹을 곳이 많지만 신선한 채소 요리는 먹을 곳이 그리 많지 않은 것 같아서요. 다양한 드레싱으로 채소 샐러드에 변화를 주면 더 좋아요.

How to Cook

1. 양상추 2장, 치커리 1/3줌은 물에 씻어 먹기 좋은 크기로 손으로 뜯는다.

2. 채소를 찬물에 담가 싱싱해지면 건져 물기를 제거한다.

3. 방울토마토 5개는 반으로 잘라 채소와 함께 접시에 담는다.

4. 올리브오일 2, 식초 2, 양겨자 0.3, 올리브 1개, 다진 양파 1, 다진 마늘 0.3, 설탕 0.5, 소금과 후춧가루를 약간씩 섞어 드레싱을 만들어 곁들인다.

Ingredients

2인분 [10분]

주재료
양상추 2장
치커리 1/3줌(20g)
방울토마토 5개

드레싱 재료
올리브오일 2
식초 2
양겨자 0.3
올리브 1개
다진 양파 1
다진 마늘 0.3
설탕 0.5
소금·후춧가루 약간씩

대체 재료
양상추 ▶ 양배추

Cafe Owner's Tip

도시락에 샐러드 담기
샐러드에는 드레싱을 곁들이게 되는데 도시락에 그대로 담으면 다른 음식과 섞이기 쉽다. 작은 그릇이나 플라스틱 컵에 샐러드 채소를 담고 드레싱을 함께 낸다.

>> Lunch Box

맞추, 맞춤 도시락

Meal 버섯나물과 비빔양념장
Side dish 옥수수전
Dessert 초코 무스

Tip
일회용이나 묵직한 스테인리스 재질의 수저집보다는 천으로 만든 숟가락과 젓가락집을 들고 다니면 어떨까요.
천 수저집에 나무로 만든 수저를 넣어 다니면 가벼워 좋은데다, 친환경적이기까지 하니까요.

비비고,
비비고

버섯나물과 비빔양념장

10년 전 외국 여행을 갔을 때 '비빔밥의 세계화'를 상상해본 적이 있어요.
여러 종류의 밥을 준비하여 고르게 하고 그다음 여러 가지 채소를 선택하게 한 뒤
마지막으로는 고추장, 간장, 된장으로 만든 양념장을 취향껏 넣게 하여
나만의 특별한 비빔밥을 만드는 레스토랑을 생각해보았어요.
이 비빔밥도 '비빔밥의 세계화'에 잘 어울리지 않을까요.

How to Cook

1. 마른 표고버섯 2개는 찬물에 불려 물기를 꼭 짜고 포를 떠서 곱게 채썬다.

2. 새송이버섯 1개는 채썰고, 느타리버섯 1/2팩은 가늘게 찢고, 팽이버섯 1/2봉지는 끝을 잘라낸다.

3. 오이 1/4개는 동그랗게 썰어 소금에 살짝 절여 들기름에 아삭하게 볶고, 미나리 1/2줌은 다듬어 씻어 끓는 물에 살짝 데쳐 물기를 꼭 짜서 먹기 좋게 썰어 소금과 참기름으로 간한다.

새송이버섯과 느타리버섯은 센 불에 볶아야 물이 생기지 않고, 표고버섯은 노릇하게 볶아야 고소하다

4. 팬에 들기름을 두르고 새송이버섯, 느타리버섯, 팽이버섯, 표고버섯 순으로 각각 볶은 후 소금으로 간한다.

5. 고추장 3, 간장 1, 매실 소스 1, 참기름 1, 통깨 0.3, 연겨자를 약간 섞어서 비빔 양념장을 만든다.

6. 밥에 버섯나물을 돌려 담고 달걀말이를 올린 후 비빔 양념장을 곁들인다.

Ingredients

2인분 [35분]

주재료
마른 표고버섯 2개
새송이버섯 1개
느타리버섯 1/2팩(50g)
팽이버섯 1/2봉지
오이 1/4개
들기름 적당량
미나리 1/2줌(50g)
소금 적당량
참기름 약간
밥 1+1/2공기
달걀말이 1개

비빔 양념장 재료
고추장 3
간장 1
매실 소스 1
참기름 1
통깨 0.3
연겨자 약간

대체 재료
매실 소스 ▶ 매실청, 꿀

 Cafe Owner's Tip

생버섯 손질하기

생버섯을 씻을 때 물에 담그면 버섯이 물을 흡수하여 볶았을 때 물이 많이 생겨 맛이 없다. 버섯은 물에 씻어 바로 건져 센 불에 볶아야 수분이 많이 생기지 않고 버섯의 향도 살릴 수 있다. 또 마른 버섯은 찬물에 불려서 부드러워지면 물기를 꼭 짜고 썰어서 양념한다.

지글지글
기름에 지진

옥수수전

옥수수는 삶아서 양손으로 붙잡고 하모니카를 물듯이 옥수수알을 베어 먹는 재미도 있지만 옥수수알을 칼로 훑어서 전으로 부치면 편하게 많이 먹을 수 있어 좋아요. 옥수수는 통조림이나 냉동 제품도 많이 있으니 계절의 구애를 받지 않아요.

How to Cook

약간 거칠게 갈아야 옥수수가 씹히는 식감이 좋다

옥수수 200g은 해동하여 물 1/2컵을 넣어 굵게 간다.

당근 약간은 완두콩 크기로 썬다.

갈아놓은 옥수수에 부침가루를 적당량 넣어 걸쭉하게 농도를 맞춘다.

Ingredients

2인분 [20분]

재료
옥수수(냉동) 200g
물 1/2컵
당근 약간
부침가루 적당량
완두콩 약간
식용유 적당량

옥수수는 단맛이 있어 전을 부치면 색이 빨리 나니 중간 불에서 타지 않도록 주의하며 속까지 익힌다

반죽에 당근, 완두콩을 넣어 섞는다.

팬에 식용유를 두르고 반죽을 한 숟가락씩 떠 넣고 노릇하게 지진다.

Cafe Owner's Tip

여름철 옥수수 이용하기
제철 옥수수는 겉껍질을 벗기고 옥수수알을 칼날로 잘라내 믹서에 물을 넣고 갈아서 사용한다.

달콤함으로
입맛에
여운을
남기는

초코 무스

'무스'는 거품이라는 뜻인데, 요즘은 케이크숍에 가면 무스 케이크를 많이 볼 수 있어요. 거품처럼 부드럽게 만든 초코 무스는 작정하고 만들기도 하지만 초콜릿 요리를 하다가 남은 초콜릿에 생크림을 섞어 쉽게 만드는 보너스 메뉴이기도 해요.

 **How to Cook**

 **Ingredients**

2인분 [20분]

재료
다크 초콜릿 50g
화이트 초콜릿 50g
생크림 100g

1. 다크 초콜릿 50g, 화이트 초콜릿 50g을 각각 끓는 물에 중탕한다.

2. 생크림 100g은 80% 정도로 거품을 올린다.

3. 중탕해서 식혀둔 초콜릿과 생크림을 넣어 덩어리지지 않도록 잘 저으며 섞는다.

 Cafe Owner's Tip

초콜릿 중탕하기
중탕할 때 물이 끓어 초콜릿에 들어가지 않도록 불을 너무 세게 하지 않는다. 또 생크림을 섞기 전에 중탕한 초콜릿이 완전히 굳지 않도록 준비한 후 생크림과 잘 섞는다.

>> **Lunch Box**

스타 레스토랑보다
빛나는 평범 도시락

Meal 멸추 김밥

Side dish 햄 커틀릿

Dessert 비트 수프

Tip

편의성이나 실용성 때문에 도시락 용기는 플라스틱이 대세. 그러나 여름에는 대나무 바구니를
도시락 용기로 활용하면 청량감을 더해줍니다. 주먹밥이나 국물이 없는 반찬을 담아야 한다는 한계가 있지만……
대나무 바구니를 도시락으로 사용할 때는 투명 비닐이나 잎채소를 깔고 그 위에 음식을 얹는 게 좋아요.

지겨운
김밥 대신

멸추 김밥

메뉴명을 보면서 한 번쯤 궁금했을 거예요. 요건 무슨 김밥일까?
어느 김밥 전문점에서 인기리에 판매되는 메뉴예요. 멸치와 고추가 만난 멸추 김밥.
안 어울릴 듯 묘하게 잘 어울리는 멸치와 고추랍니다.
스트레스를 많이 받은 날에는 고추를 더 많이 넣어 만드세요.

How to Cook

1. 볶음멸치 1/4컵은 손질하여 팬에 식용유를 두르고 볶다가 간장 0.5, 물엿 0.5, 맛술 1을 넣어 졸인다.

2. 밥 1+1/2공기에 소금, 참기름, 깨소금을 약간씩 넣어 고루 섞는다.

3. 삭힌 고추 3개는 씨째 다진다.

4. 당근 1/4개와 오이 1/2개는 각각 채썰어 팬에 식용유를 두르고 볶다가 소금으로 간한다.

5. 김 위에 밥을 얇게 펴고 준비한 재료를 올린 후 돌돌 말아 먹기 좋은 크기로 썬다.

Ingredients

2인분 [25분]

주재료
볶음멸치 1/4컵
밥 1+1/2공기
삭힌 고추 3개
당근 1/4개
오이 1/2개
식용유·소금 적당량씩
단무지 2줄
김밥용 김 2장

멸치 양념 재료
간장 0.5
물엿 0.5
맛술 1

밥 양념 재료
소금·참기름·깨소금 약간씩

대체 재료
볶음 멸치 ▶ 쇠고기, 우엉

Cafe Owner's Tip

맛있는 김밥용 밥 짓기
김밥용 밥을 지을 때는 쌀에 다시마를 몇 조각 넣는다. 다시마를 넣으면 신기하게도 밥이 오랫동안 촉촉하다. 또 밥을 양념할 때에는 밥알이 으깨지지 않도록 주걱으로 가볍게 섞으면서 양념을 한다.

든든한
곁들이
반찬

햄 커틀릿

추억의 도시락을 떠올리는 메뉴예요. 햄은 돼지고기를 주로 사용하여 만드는데 추억의 분홍색 소시지는 돼지고기보다는 녹말가루가 더 많이 들어가고 색을 내기 위해 식용 색소를 많이 넣었다지요. 요즘 햄은 건강을 우선으로 따지는 꼼꼼한 소비자들이 많아진 탓에 돼지고기를 넉넉히 사용해서 제대로 만드는 제품들이 많아요.

How to Cook

1. 치즈 1장, 피망 1/4개, 홍피망 1/4개는 채썬다.

2. 햄에 치즈와 피망, 홍피망을 올리고 햄을 1장 더 올린다.

3. 달걀에 소금, 후춧가루를 약간씩 넣어 섞는다.

4. 밀가루를 골고루 묻히고 달걀을 풀어서 입히고 빵가루를 골고루 입힌다.

빵가루를 입힌 튀김을 할 때에는 중간 중간 빵가루가 떨어져 타지 않도록 체로 잘 걸러가며 튀기는 것이 좋다

5. 170℃의 튀김 기름에 노릇하게 튀긴다.

Ingredients

2인분 [30분]

주재료
치즈 1장
피망·홍피망 1/4개씩
햄(1cm 두께) 4장
밀가루 1/4컵
달걀 1개
소금 약간
후춧가루 약간
빵가루 1컵
튀김 기름 적당량

 Cafe Owner's Tip

카페에서 튀김 요리하기
빵가루를 입혀서 튀김을 할 때는 튀긴 후 바로 튀김 건더기를 건져야 기름을 깨끗하게 사용할 수 있다. 튀김을 여러 번 하면 기름에서 거품이 나기 쉬우니 기름은 키친타월에 걸러 사용한다. 또 사용하던 기름에 새 기름을 넣지 말고 폐식용유는 따로 모아 버린다.

밥 먹는 카 페 229

도시락에
초대한
손님

비트 수프

색으로 먼저 궁금증을 유발하는 메뉴예요.
우리는 빨간 무인 비트를 색을 내는 요리에 많이 사용해요. 비트를 많이 먹는
서양에서는 우리가 무나물을 먹듯이, 조리고 볶고 삶아 요리로 만들어 먹는다네요.
먹고 나면 입안도 붉게 물들 것 같지만 그런 걱정은 안 하셔도 될 듯해요.

How to Cook

 Ingredients

2인분 [30분]

재료
비트 1/4개
감자 1개
양파 1/8개
마늘 1쪽
버터 약간
밀가루 1
물 2컵
우유 1컵
소금·후춧가루 약간씩

1. 비트 1/4개, 감자 1개는 껍질을 벗기고 납작하게 썬다.

2. 양파 1/8개는 채썰고, 마늘 1쪽은 편으로 썬다.

3. 냄비에 버터를 약간 두르고 양파와 마늘을 넣어 볶다가 투명해지면 비트와 감자를 넣어 볶은 후 밀가루 1을 넣어 타지 않게 볶는다.

4. 물 2컵을 넣어 끓이면서 바닥에 눌어붙지 않도록 잘 긁는다.

5. 비트와 감자가 익으면 식혀 믹서에 넣어 우유 1컵을 넣고 곱게 간다.

비트 수프는 설탕을 약간 넣어 간 해도 단맛이 잘 어울리는 수프이다. 설탕을 넣을 때에는 소금 양을 줄인다

6. 냄비에 넣어 소금과 후춧가루로 간을 맞춘다.

 Cafe Owner's Tip

카페에서 수프 내기

많은 양의 수프를 끓여 두었다가 사용할 때에는 유제품은 넣지 않는 것이 좋다. 재료에 육수나 물을 넣어 걸쭉하게 끓여 두었다가 사용할 만큼의 양을 덜어내어 유제품으로 맛이나 농도를 맞추어 손님상에 낸다.

카페 메뉴를 보고 종종 파스타를 찾는 분도 있어요.

어떤 재료를 넣느냐에 따라 다양한 맛으로 탄생하는 파스타.

그런데 어느 순간 파스타가 유명 레스토랑에서나 내는

묵직하고 귀한 메인 메뉴가 되어버린 것 같아요.

제이미 올리버처럼 뚝딱뚝딱 만든 가벼운 파스타를 맛보고 싶은데 말이죠.

지금은 파스타 메뉴를 주인공으로 내세우지 않았지만,

언젠가 밥먹는 카페에서 파스타를 메뉴에 올린다면…… 이란 생각을 하며

베스트 오브 더 베스트 파스타를 그려보았어요.

CHAPTER 3

One Bowl Pasta
밥먹는 카페의 원 볼 파스타

밥 먹는
카페에서
내고픈

봉골레 스파게티

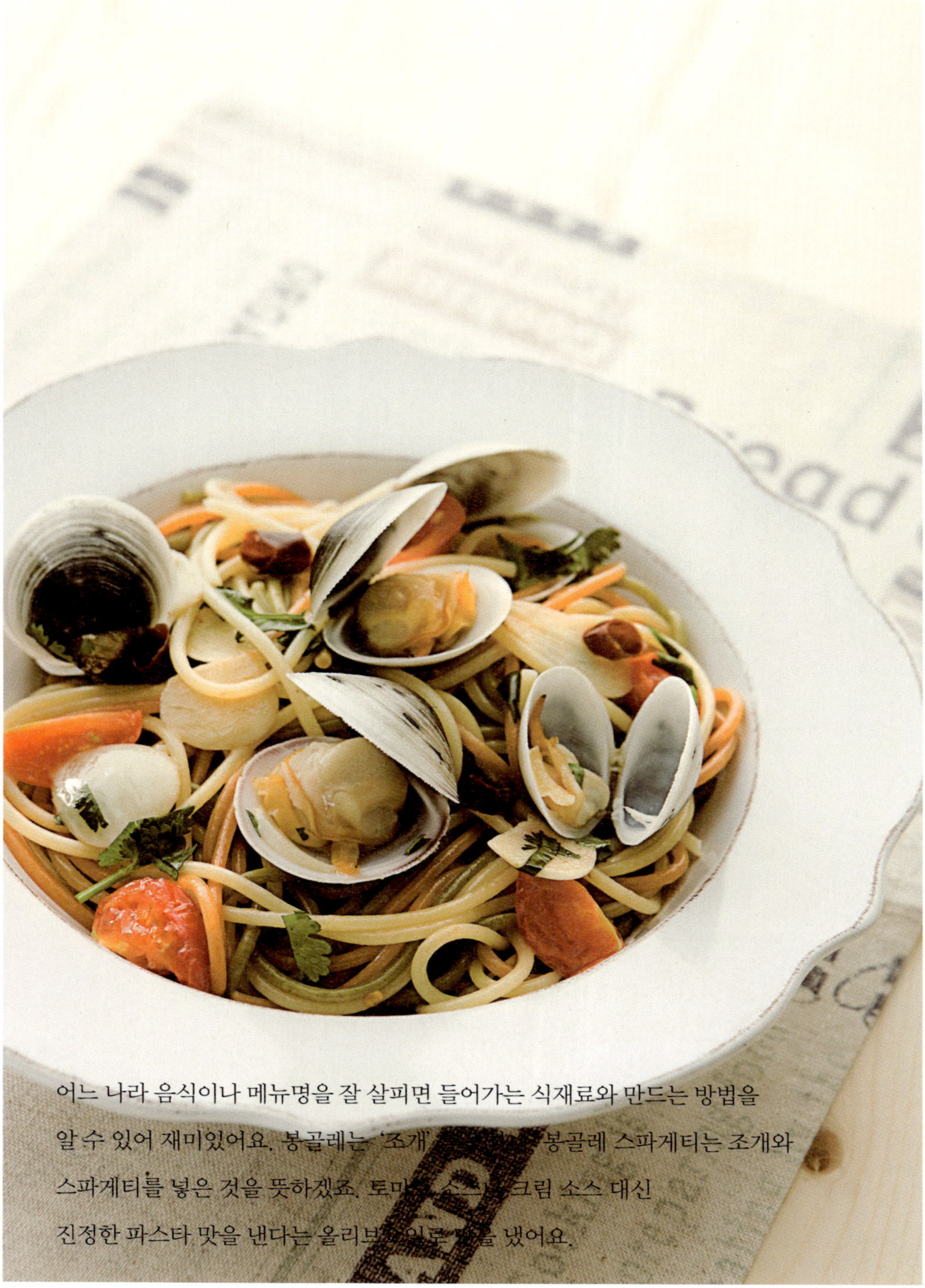

어느 나라 음식이나 메뉴명을 잘 살피면 들어가는 식재료와 만드는 방법을
알 수 있어 재미있어요. 봉골레는 '조개' 봉골레 스파게티는 조개와
스파게티를 넣은 것을 뜻하겠죠. 토마 크림 소스 대신
진정한 파스타 맛을 낸다는 올리브 을 냈어요.

How to Cook

스파게티는 삶아 물에 헹구지 않고 그대로 사용한다

1. 냄비에 물 2ℓ, 소금 2를 넣고 끓여 팔팔 끓으면 스파게티면 200g을 넣어 8~9분 정도 삶아 물기를 뺀다.

2. 팬에 올리브 오일을 두르고 모시조개를 넣어 볶다가 물 1/2컵을 넣어 뚜껑을 덮고 조개 입이 벌어지면 불을 끈다.

3. 마늘 6쪽은 편으로 썰고, 마른 고추 1개는 가위로 굵게 자르고, 방울토마토 6개는 꼭지를 떼고 4등분 한다.

Ingredients

2인분 [30분]

주재료
스파게티면 200g
모시조개 10개
물 1/2컵
마늘 6쪽
마른 고추 1개
방울토마토 6개
올리브오일 3

스파게티 삶는 물 재료
물 2ℓ
소금 2

4. 팬에 올리브오일 3을 두르고 마늘을 투명하게 볶은 후 마른 고추를 넣어 살짝 볶다가 ②의 조개 육수 1/2컵을 넣어 끓인다.

5. 육수가 끓으면 방울토마토와 모시조개를 넣어 섞는다.

6. 스파게티면을 넣어 섞으면서 소금으로 간을 맞춘다.

Cafe Owner's Tip

조개 육수 만들기

Ingredients
마늘 3~4쪽,
올리브오일 3, 파슬리 줄기 약간, 화이트와인 1/4컵,
조개 1kg, 물 1ℓ

How to Cook
마늘은 칼등으로 눌러 으깨어 올리브오일을 두른 팬에 파슬리 줄기와 함께 넣어 볶는다. 조개를 넣어 볶다가 화이트와인을 붓고 뚜껑을 덮어 익힌다. 조개 입이 벌어지면 물 1ℓ를 넣어 10분 정도 끓여 육수는 체에 거르고, 조갯살만 요리에 넣는다.
모시조개, 중합, 바지락 등 계절에 따라 맛있는 조개를 구입해 소금물에 담가 해감한다.

고소함을
무기로

브로콜리 새우 크림 소스 파스타

236

한 드라마의 영향으로 파스타에 대한 인식이 많이 달라졌다고 들었어요. 소스를 듬뿍 올려 자장면처럼 비벼 먹던 파스타를 요즘은 소스에 살짝 버무려 소스 맛도, 파스타 맛도 잘 즐기려면서 먹는 사람이 많아졌다고 하네요. 고소한 맛의 크림 소스 파스타는 여러 가지 재료를 응용해 다양한 맛을 낼 수 있는 파스타 중 하나예요.

How to Cook

Ingredients

2인분 [35분]

주재료
스파게티면 200g
양송이버섯 2개
브로콜리 1/4송이
소금 약간,
방울토마토 2개
마늘 2쪽
버터 0.5
올리브오일 2
새우살 1/3컵
화이트와인 3
스파게티 삶은 물 3
생크림 1컵
소금 약간

스파게티 삶는 물 재료
물 2ℓ
소금 2

파스타의 종류에 따라 삶는 시간이 다르므로 시간을 확인한다

1. 냄비에 물 2ℓ, 소금 2를 넣고 끓여 팔팔 끓으면 스파게티면 200g을 넣어 8~9분 정도 삶아 물기를 뺀다.

2. 양송이버섯 2개는 모양대로 썰고, 브로콜리 1/4송이는 끓는 물에 소금을 약간 넣고 데쳐 찬물에 헹구어 작은 송이로 자르고, 방울토마토 2개는 4등분한다.

3. 마늘 2쪽은 편으로 썬다.

Cafe Owner's Tip

파스타 삶기
파스타는 물을 넉넉히 붓고 소금으로 간해 면에 간이 되도록 삶는 것이 좋다. 면을 삶는 동안 소스를 준비해서 바로 요리하는 게 좋지만 바쁠 때는 면을 삶아두고 소스를 완성하기 전에 뜨거운 물에 한 번 넣었다 건져 바로 사용한다. 또 파스타를 삶은 물은 그때그때 파스타 소스의 농도를 맞추는 용도로 사용해도 좋다.

4. 팬에 버터 0.5, 올리브오일 2를 두르고 마늘을 넣어 볶다가 마늘이 투명해지면 양송이버섯과 새우살 1/3컵을 넣어 볶다가 화이트와인 3을 넣어 살짝 졸인다.

5. 스파게티면 삶은 물 3, 생크림 1컵을 넣어 끓이다가 브로콜리를 넣는다.

6. 스파게티면과 방울토마토를 넣고 버무려 소금으로 간을 한다.

흥미로운
이야기를
숨긴

채소를 올린 푸타네스카

푸타네스카는 이탈리아어로 '매춘부식'이라는 의미가 있다고 해요.
매춘가 주인이 빠르고 쉽게 만들어 손님에게 접대했다는 설과, 매춘부들이 입었던
형형색색의 옷처럼 이탈리아의 다양한 식재료가 들어갔다는 설 등이 있대요.
파스타 이름으로는 다소 어렵고 생소하지만 쉽고 간단하면서
매운맛과 담백한 맛이 우리 입맛에 잘 맞는 것 같아요.

How to Cook

안초비 2개를 작게 잘라 넣으면 훨씬 맛있다

1. 냄비에 물 2ℓ, 소금 2를 넣고 끓여 팔팔 끓으면 스파게티면 200g을 넣어 8~9분 정도 삶아 물기를 뺀다.

2. 방울토마토 4개는 꼭지를 떼고 4등분하여 썬다.

3. 마늘 2쪽은 굵게 다지고, 블랙 올리브 4개는 슬라이스하고, 마른 고추 1개는 채썬다.

4. 팬에 올리브오일 3을 두르고 마늘을 넣어 볶다가 마늘 향이 나면 블랙 올리브, 케이퍼, 마른 고추를 넣어 볶다가 화이트와인 2를 넣어 끓인다.

5. 화이트와인이 졸면 토마토와 다진 파슬리, 조개 육수 1/4컵을 넣어 졸이다가 스파게티면을 넣어 섞는다. 소금으로 간하여 그릇에 담고 샐러드 채소를 곁들이고 레몬즙과 올리브오일을 약간씩 뿌린다.

Ingredients

2인분 [35분]

주재료
스파게티면 200g
방울토마토 4개
마늘 2쪽
블랙 올리브 4개
마른 고추 1개
케이퍼 0.5
화이트와인 2
파슬리 약간
조개 육수 1/4컵
올리브오일 3
샐러드 채소 적당량
레몬즙·올리브오일 약간씩

스파게티 삶는 물 재료
물 2ℓ
소금 2

Cafe Owner's Tip

다양하게 푸타네스카 만들기

기본 푸타네스카에 연어나 광어, 농어, 도미 등의 흰살 생선을 사용하면 다양한 스타일의 푸타네스타를 만들 수 있다. 또 마른 고추는 기호에 따라 양을 조절해도 되며 매운맛을 좋아한다면 페페론치노를 다져 넣어도 된다. 페페론치노나 마른 고추는 오래 볶으면 탈 수 있으니 주의해서 볶거나 나중에 넣어 매운맛을 조절한다.

뚝배기와
우호
협정을
맺고픈

라자냐

파스타는 이제 한국 사람들에게도 대중적인 음식이 됐지요. 특히 지리적인 조건이 비슷해서 이탈리아와 한국 사람들에게는 공통점도 많아 이탈리아 음식이 인기를 얻은 것 같아요. 라자냐는 우리나라 뚝배기를 연상시키는 요리예요. 오븐에 넣어 만든 뜨끈뜨끈한 뚝배기 라자냐는 어떨까요.

How to Cook

1. 냄비에 물 1ℓ, 소금 1을 넣고 끓여 팔팔 끓으면 라자냐면 4장을 넣어 8~9분 정도 삶아 물기를 뺀다.

2. 냄비에 토마토 소스 1컵을 넣어 은근한 불에 5분 정도 끓여 걸쭉하게 졸인다.

3. 바질 2장은 채썬다.

4. 내열용기에 라자냐를 깔고 토마토 소스와 베사멜 소스를 적당량 바르고 바질을 약간 올린 후 파르메산 치즈가루 2를 뿌린다.

5. 그 위에 라자냐를 깔고 토마토 소스, 베사멜 소스, 바질, 파르메산 치즈가루 순으로 올린다.

6. 모차렐라 치즈 1/2컵을 올린 후 250℃의 오븐에서 8~10분 정도 구워 다진 파슬리를 뿌린다.

Ingredients

2인분 [40분]

주재료
라자냐면 4장
토마토 소스 1컵
바질 2장
베사멜 소스 1컵
파르메산 치즈가루 2
모차렐라 치즈 1/2컵
다진 파슬리 약간

스파게티 삶는 물 재료
물 1ℓ
소금 1

Cafe Owner's Tip

토마토 소스와 베사멜 소스 만들기
만드는 법은 343쪽 참고

펜네로
미모에
힘을 준

카레를 넣은 펜네

파스타 종류의 하나인 펜네는 끝이 뾰족한 펜대와 닮아서 펜네라고 불러요.
기호에 따라 다양한 파스타를 사용할 수 있지만
소스가 듬뿍 묻어야 더 맛있을 것 같은 요리에는
펜네처럼 가운데 공간이 있는 파스타가 딱이에요.

How to Cook

냄비에 물 1ℓ, 소금 1을 넣고 끓여 팔팔 끓으면 펜네 160g을 넣어 10분 정도 삶아 건진다.

마늘 2쪽은 굵게 다지고, 베이컨 2장과 양파 1/4개는 채썬다.

새송이버섯 1개는 납작하게 썰고, 참치 통조림 1/2통은 체에 걸러 기름을 뺀다.

팬에 올리브오일 3을 두르고 마늘을 넣어 볶다가 마늘 향이 나면 베이컨을 넣고 볶는다.

양파와 새송이버섯을 볶은 후 화이트와인 2를 넣어 끓인다.

파스타 삶은 물 1/4컵과 카레가루 2를 넣고 풀어 참치와 펜네를 넣어 가볍게 섞고 소금으로 간한다.

Ingredients

2인분 [35분]

주재료
펜네 160g
마늘 2쪽
베이컨 2장
양파 1/4개
새송이버섯 1개
참치 통조림 1/2통
올리브오일 3
화이트와인 2
파스타 삶은 물 1/4컵
카레가루 2
소금 약간

펜네 삶는 물 재료
물 1ℓ
소금 1

Cafe Owner's Tip

파스타 생면 만들기

Ingredients
밀가루 100g,
올리브오일 1, 달걀 1개

How to Cook
밀가루에 올리브오일, 달걀을 넣어 반죽한 후 얇게 밀어서 다양한 모양의 파스타 생면을 만든다. 파스타를 삶을 때에는 면의 두께에 따라 2~3분 정도 짧게 삶는다.

밥 먹는 카페

밥먹는 카페의 플레이트에는 항상 샐러드가 담겨요.

샐러드의 존재감은 약방의 감초,

우리 밥상의 김치와도 같거든요.

그런데 몸짱 프로젝트를 진행중이거나

입맛이 없는 손님들을 위해

단골들만 주문해 먹을 수 있는 스페셜 메뉴로

끼니가 되는 샐러드를 내고 싶다는 생각을 해봤어요.

엄연히 메뉴는 있지만,

단골손님들이 부탁하면 즉석에서 만들어 주는

심야식당처럼,

그런 밥먹는 카페를 꿈꿉니다.

CHAPTER 4

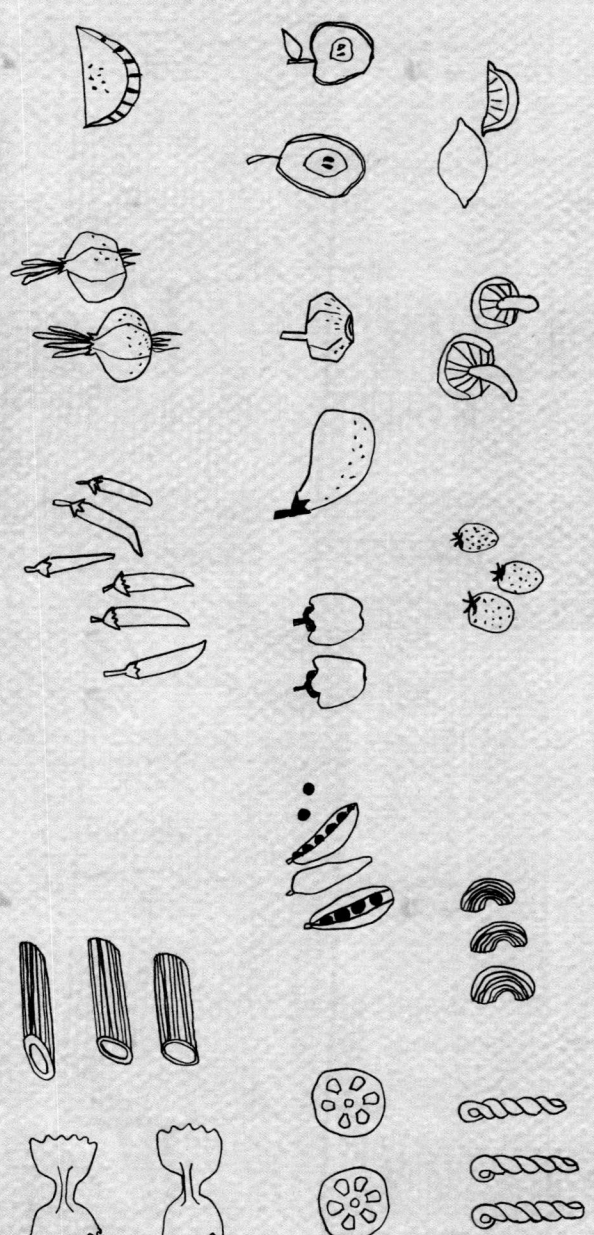

One Bowl Salad

밥먹는 카페의 원 볼 샐러드

예약 완료,
카페의 간판
샐러드

타이풍 닭고기 샐러드

태국 요리는 우리나라와 공통점이 많아서인지 입맛에 잘 맞는 것 같아요.
예를 들면 태국에서는 우리의 멸치액젓과 비슷한
피시 소스를 갖가지 요리에 간을 맞출 때 넣어요.
태국을 대표하는 양념인 피시 소스를 넣은 태국 스타일의 샐러드를 만들었어요.

How to Cook

냄비에 피시 소스 1, 식초 2, 레몬즙 2, 칠리가루 0.5, 설탕 1, 물 2, 소금 약간을 넣고 끓여 닭고기 양념을 만든다.

닭고기 양념에 닭고기 6조각을 넣고 은근한 불에 7~8분 정도 익혀 먹기 좋은 크기로 손으로 찢는다.

토마토 1/2개는 깍두기 모양으로 썬다.

양파 1/4개와 양상추 2장은 먹기 좋게 썰고, 무순 1/2팩은 끝을 다듬는다.

땅콩 3은 곱게 다진다.

그릇에 토마토, 양파, 양상추, 닭고기를 담고 닭고기 양념을 식혀서 뿌린 후 다진 땅콩을 뿌린다.

Ingredients

2인분 [30분]

주재료
닭고기(안심) 6조각
토마토 1/2개
양파 1/4개
양상추 2장
무순 1/2팩
땅콩 3

닭고기 밑간 재료
피시 소스 1
식초 2
레몬즙 2
칠리가루 0.5
설탕 1
물 2
소금 약간

대체 재료
피시 소스
▶ 멸치액젓, 까나리액젓

Cafe Owner's Tip

샐러드 응용하기
냉동 만두피를 해동한 후 채썰어 고소한 맛이 나도록 바삭하게 튀겨서 샐러드에 올린다. 만두피 대신 춘권피를 활용하거나 남은 식빵을 깍두기 모양으로 썰어서 식용유에 튀기거나 볶아서 사용하면 샐러드가 더욱 고소해진다.

채소를
밀어낸
버섯들의
대승

바게트에 곁들인 버섯 샐러드

식사를 대신할 샐러드 한 그릇을 찾고 있다면 권하고 싶은 메뉴랍니다. 단백질이 풍부한 버섯과 채소를 듬뿍 담고 바게트 한 조각을 곁들였어요. 맛있고 다양한 버섯이 대량으로 출하되는 가을에는 다양한 버섯 샐러드를 만들면 좋아요.

How to Cook

1. 바게트 1/4개는 어슷하게 썰어 버터 3, 다진 마늘 0.5, 다진 파슬리 약간을 섞어 바른다.

2. 바게트를 200℃의 오븐에서 5분 정도 굽는다.

3. 치커리 1/2줌은 먹기 좋은 크기로 손으로 뜯고, 올리브 5개는 반으로 자르고, 래디시 1개는 동그랗게 썬다.

4. 표고버섯 2개, 새송이버섯 2개, 양송이버섯 2개는 도톰하게 썰어 달군 팬에 식용유를 두르고 노릇하게 구운 후 소금과 통후추를 굵게 갈아 양념한다.

5. 파르메산 치즈가루 1, 올리브오일 2를 넣어 섞는다.

6. 바게트를 담고 그 위에 버섯 샐러드를 올린 후 발사믹식초 2를 골고루 뿌린다.

Ingredients

2인분 [30분]

주재료
바게트 1/4개
치커리 1/2줌(50g)
올리브 5개
래디시 1개
표고버섯 2개
새송이버섯 2개
양송이버섯 2개
식용유 적당량
소금·통후추 약간씩
파르메산 치즈가루 1
올리브오일 2
발사믹식초 2

바게트 스프레드 재료
버터 3
다진 마늘 0.5
다진 파슬리 약간

대체 재료
바게트 ▶ 크래커

Cafe Owner's Tip

버섯 대신 파프리카로
파프리카는 겉면을 가스레인지에 구워 비닐팩에 넣어두면 껍질을 벗기기 쉬우며, 껍질을 벗긴 파프리카로 샐러드를 만들면 맛이 훨씬 부드럽다.

아이와
함께 온
손님을
위한

닭 가슴살 아몬드 샐러드

다이어트 몸짱 열풍에 빠지지 않는 식재료라면 단연 닭 가슴살이에요.
몸짱 프로젝트를 진행중인 사람들은 고단백 저지방 식품은 닭 가슴살을 삶아서
샐러드로 먹고 갈아서 음료로도 먹기도 한다지만……
오늘은 잠시 잊고 아몬드를 듬뿍 입힌 고소한 닭 가슴살 구이로 즐겨보세요.

How to Cook

1. 닭고기 6조각은 카레가루 0.5, 달걀흰자 1/2개, 후춧가루 약간을 넣고 골고루 양념한다.

2. 양념한 닭고기에 슬라이스한 아몬드 1/4컵을 넣어 골고루 섞는다.

3. 닭고기를 180℃의 오븐에서 10분 정도 굽는다.

4. 샐러드 채소는 먹기 좋은 크기로 손질하여 찬물에 담갔다가 물기를 뺀다.

5. 올리브오일 2, 꿀 1, 머스터드 0.5를 한데 섞어 허니 머스터드 드레싱을 만든다.

6. 준비한 재료를 그릇에 담고 드레싱을 곁들인다.

Ingredients

2인분 [30분]

주재료
닭고기(안심) 6조각
아몬드(슬라이스) 1/4컵
샐러드 채소 1/2줌(50g)
크랜베리 1

닭고기 밑간 재료
카레가루 0.5
달걀흰자 1/2개분
후춧가루 약간

허니 머스터드 드레싱 재료
올리브오일 2
꿀 1
머스터드 0.5

Cafe Owner's Tip

춘권피로 그릇 만들기
둥근 체에 춘권피나 라이스 페이퍼를 넣어 튀기면 그릇 모양이 되는데, 샐러드 그릇으로 이용하기 좋다.

채소
샐러드가
지겹다면

과일을 곁들인 해산물 샐러드

252

해산물과 과일 샐러드라니 좀 이상한 조합 같지요.
신선한 해산물에 상큼한 과일의 조화는 상상 이상으로 특별한 맛을 내요.
특히 상큼한 맛을 내는 키위, 오렌지, 레몬, 자몽 등이 해산물과 잘 어울려요.
과일이 들어간 해산물 샐러드 레시피를 모두 공개할 테니 응용해보세요.

How to Cook

1. 키위 1개, 오렌지 1/2개는 껍질을 벗기고 길쭉하게 모양대로 썬다.

2. 양파 1/4개는 링 모양으로 얇게 썰어 찬물에 잠깐 담갔다가 건지고, 샐러드 채소는 먹기 좋은 크기로 손질하여 찬물에 담갔다가 건진다.

3. 새우 4마리는 등 쪽의 내장을 제거하고, 모시조개 8개는 엷은 소금물에 담가 해감하고, 오징어 1/2마리는 껍질을 벗긴 후 안쪽에 칼집을 넣어 먹기 좋은 크기로 썬다.

4. 해산물을 소금, 후춧가루로 간하여 냄비에 넣고 화이트와인 2를 넣어 찌듯이 익혀 체에 밭쳐 완전히 식힌다. 올리브오일 2, 레몬즙 2, 다진 파슬리 약간, 소금과 후춧가루를 약간씩 섞어 해산물에 넣어 재운다.

5. 그릇에 키위, 오렌지, 양파, 샐러드 채소를 보기 좋게 담고 해산물을 얹는다.

6. 올리브오일 2, 식초 1, 다진 마늘 0.3, 연겨자 약간을 한데 섞어 샐러드에 뿌린다.

Ingredients

2인분 [35분]

주재료
키위 1개
오렌지 1/2개
양파 1/4개
샐러드 채소 약간
새우(중하) 4마리
모시조개 8개
오징어 1/2마리
화이트와인 2
소금·후춧가루 약간씩

레몬 드레싱 재료
올리브오일 2
레몬즙 2
다진 파슬리 약간
소금·후춧가루 약간씩

겨자 드레싱 재료
올리브오일 2
식초 1
다진 마늘 0.3
연겨자 약간

Cafe Owner's Tip

해산물 데치기
해산물은 끓는 물에 소금을 약간 넣고 데쳐야 맛도 좋고 비린내도 나지 않는다. 많은 양의 해산물은 데친 후 재빨리 식혀야 비린내가 나지 않으니, 얼음물을 준비해 두었다가 담갔다 건져 물기를 제거한다. 해산물이 탱글탱글하면서 비린내도 나지 않아 좋다.

매운맛
파를 위한

매콤한 오징어구이 샐러드

오징어는 검은색 먹을 품고 있다고 하여 '묵어'라고도 하는데,
바다에서 법도를 맡는 신하이자 예의를 아는 물고기로도 여겼다고 하네요.
그러나 서로 믿지 못하거나 지켜지지 않는 약속을 가리켜 '오징어 묵계'라고
불렀다고 해요. 오징어 먹으로 글을 쓰면 일 년 만에 글씨가 증발해 없어지기 때문이죠.
오징어 샐러드를 손님상에 내면서 오징어 이야기도 함께 들려주세요.

How to Cook

1. 오징어 1마리는 내장을 빼고 껍질에 1cm 간격으로 칼집을 넣는다.

2. 고춧가루 1, 토마토케첩 2, 다진 마늘 0.3, 우스터 소스 1, 핫소스 1, 설탕 1, 후춧가루 약간을 섞는다.

3. 오징어에 양념을 넣어 20분 정도 재운다.

4. 샐러드 채소 1/2줌은 먹기 좋은 크기로 손질하여 찬물에 담갔다가 물기를 뺀다.

5. 오징어를 팬이나 그릴에 구워 샐러드 채소와 함께 그릇에 담는다.

6. 마요네즈 2, 와사비 0.5, 레몬즙 0.5를 섞어서 곁들인다.

Ingredients

2인분 [30분]

주재료
오징어 1마리
샐러드 채소 1/2줌(50g),
식용유 약간

오징어 양념 재료
고춧가루(고운 것) 1
토마토케첩 2
다진 마늘 0.3
우스터 소스 1
핫소스 1
설탕 1
후춧가루 약간

와사비 마요네즈 재료
마요네즈 2
와사비 0.5
레몬즙 0.5

Cafe Owner's Tip

카페에서 오징어구이 샐러드 내기
오징어에 칼집을 넣어 먹을 때 자르기 쉽게 손질해서 담고 샐러드 채소를 곁들이고 나이프와 포크를 함께 세팅한다.

밥먹는 카페에는 밥메뉴인 원 플레이트 외에도

인기 있는 메뉴가 참 많아요.

비싼 재료를 듬뿍 넣고 팔아서 뭐가 남느냐며

오히려 손님들에게 걱정을 안겨주는 초콜릿 케이크,

원 플레이트를 말끔하게 비우고도

카페를 나갈 때 포장해가겠다는 샌드위치,

그날그날 구워 파는 신선한 쿠키……

카페 문을 열기 전에 만들어두면

카페 문을 닫기 전에 모두 주인을 찾아가는

밥먹는 카페의 테이크 아웃 푸드를 소개할게요.

카페만의 오리지널 테이크 아웃 푸드는

카페 살림에 효자 노릇을 톡톡히 합니다.

CHAPTER 5

Take out Food

밤먹는 카페의
테이크 아웃 푸드

밥 먹는 카페의 이름을 알린

카레 닭 가슴살 감자 샌드위치

점심에도 샌드위치, 저녁에도 샌드위치를 먹는 단골손님이 있어요.
그래서 샌드위치 만들 때 더 신경을 쓰게 돼요.
매일 똑같은 샌드위치를 먹으면 입에 물릴 테니 같은 닭 가슴살이라도
드레싱을 이것저것 바꾸어가며 색다른 맛의 샌드위치를 만들어요.

How to Cook

1. 닭고기는 안심으로 2조각을 준비하여 카레가루 0.3, 소금과 후춧가루, 식용유 약간씩을 넣어 양념하여 10분 정도 재운다.

2. 양념에 재운 닭고기를 200℃의 오븐에서 8~10분간 굽는다.

3. 감자 1개는 깍두기 모양으로 썰어 끓는 물에 소금을 넣어 삶은 후 건져 물기를 뺀다.

4. 감자는 마요네즈 1, 건포도 1을 넣어 섞은 후 소금, 후춧가루로 간한다.

5. 크루아상에 씨겨자를 적당히 바르고 샐러드 채소를 넣은 후 감자 샐러드를 얇게 깐다.

6. 그 위에 닭고기를 얹고 남은 샐러드 채소를 올린다.

Ingredients

2인분 [30분]

주재료
닭고기(안심) 2장
크루아상 2개
씨겨자 적당량
샐러드 채소 적당량

닭고기 양념 재료
카레가루 0.3
소금·후춧가루 약간씩
식용유 약간

감자 샐러드 재료
감자 1개
마요네즈 1
건포도 1
소금·후춧가루 약간씩

대체 재료
감자 ▶ 고구마, 호박고구마, 자색고구마, 단호박

Cafe Owner's Tip

샌드위치용 닭고기 준비
닭고기 안심이나 가슴살은 구워두었다가 사용해도 괜찮으므로, 2~3일에 한 번씩 닭고기를 손질하여 구워두었다가 샌드위치를 만든다.

밥 먹는 카페

봄에만
만나요

봄나물 불고기 샌드위치

샌드위치의 맛은 정성과 손맛보다는 재료에서 판가름이 난다고 생각해요.
좋은 재료를 넉넉히 넣으면 다 맛있거든요. 해결책은 제철 재료를 영리하게 넣는 거예요.
봄에는 봄나물을 넉넉히 넣은 코리안풍 샌드위치를 만들어요.

How to Cook

1. 샌드위치용 빵 4장은 토스터나 팬에 살짝 굽는다.

2. 간장 1, 설탕 0.5, 다진 파 1, 다진 마늘 0.5, 후춧가루 약간을 섞어 양념을 만든 후 쇠고기 150g에 넣어 버무린 후 팬에 볶아서 식힌다.

3. 느타리버섯 1/2줌은 손으로 찢어 팬에 식용유를 두르고 볶다가 소금으로 간한다.

4. 냉이 1/2줌, 참나물 1/2줌은 다듬어 씻어 냉이는 팬에 살짝 볶아서 소금으로 간하고, 참나물은 먹기 좋은 크기로 썬다.

5. 느타리버섯과 냉이에 졸인 발사믹을 약간 넣어 버무린다. 빵 한 면에 크림치즈를 펴 바른 후 참나물, 불고기, 느타리버섯, 냉이, 참나물 순으로 올린 후 샌드위치용 빵으로 덮는다.

Ingredients

2인분 [20분]

주재료
샌드위치용 빵 4장
쇠고기(불고기) 150g
느타리버섯 1/2줌(40g)
냉이 1/2줌(30g)
참나물 1/2줌(30g)
소금·후춧가루 약간씩
식용유 적당량
졸인 발사믹 약간
크림치즈 2

쇠고기 양념 재료
간장 1
설탕 0.5
다진 파 1
다진 마늘 0.5
후춧가루 약간

쇠고기 양념 재료
봄나물 ▶ 양상추, 파프리카 등

Cafe Owner's Tip

샌드위치용 빵 선택하기
딱딱한 빵은 소 재료와 겉돌 수 있으므로 샌드위치용 빵은 너무 단단하지 않은 것으로 선택한다. 즉석에서 샌드위치를 만들지 않고 냉장고에 보관했다가 판매해야 한다면 냉장고에 넣어둬도 딱딱해지지 않는 부드러운 크루아상이 적당하다.

건강한
햄버거
제조
설명서

햄버거 샌드위치

패스트푸드점의 햄버거를 떠올리며 햄버거 샌드위치를 정크 푸드로 오해하지는 마세요.
신선한 채소와 쇠고기, 돼지고기로 반죽한 햄버거 패티를 넣어 만든 카페의 건강한
햄버거니까요. 바로바로 구워 만든 햄버거 패티를 넣어 건강까지 챙기는
샌드위치를 만드세요.

How to Cook

1. 양파 1/4개는 잘게 다져 팬에 식용유를 두르고 볶아서 식힌다.

2. 볼에 토마토케첩 1, 마늘 소스 0.5, 우유 1, 소금과 후춧가루를 약간씩 넣고 섞어 쇠고기 100g, 돼지고기 100g을 넣어 골고루 섞은 후 볶은 양파, 빵가루 1/2컵, 달걀 1/2개를 넣어 끈기 나게 치댄다.

3. ②의 반죽을 반으로 나누어 빵 크기로 동글납작하게 빚은 후 팬에서 앞뒤를 노릇하게 익힌다.

4. 양상추 2장은 깨끗이 씻어 물기를 빼고, 토마토 1/2개는 슬라이스한다.

5. 햄버거 빵에 머스터드 소스를 고루 바른 후 ③의 햄버거 패티와 양상추, 토마토, 슬라이스 치즈를 보기 좋게 올린 후 햄버거 빵으로 덮는다.

Ingredients

2인분 [30분]

주재료
양파 1/4개
식용유 적당량
쇠고기(다진 것) 100g
돼지고기(다진 것) 100g
빵가루 1/2컵
달걀 1/2개
양상추 2장
토마토 1/2개
햄버거 빵 2개
머스터드 소스 적당량
슬라이스 치즈 2장

고기 양념 재료
토마토케첩 1
마늘 소스 0.5
우유 1
소금·후춧가루 약간씩

Cafe Owner's Tip

햄버거 패티를 굽는 방법
햄버거 패티는 반죽을 잘 치대어 모양을 매끈하게 만든 후 같은 크기로 빚는다. 그런 다음 팬에 식용유를 두르고 앞뒤로 센 불에서 한 면씩 익힌 후 뚜껑을 덮어 은근한 불로 속까지 익힌다. 이때 자주 뒤집으면 고기의 육즙이 빠지면서 타기 쉽다. 또 팬에서 앞뒤로 익힌 후 250℃의 오븐에서 5분 정도 익히면 속까지 부드럽게 익는다.

구름 위를
걷는 맛

베지테리언 샌드위치

18세기 영국의 샌드위치 백작이 트럼프에 열중하여
간단하게 끼니를 해결할 요량으로 샌드위치를 만들었다는 탄생 비화는 너무 유명하죠.
밥먹는 카페에서는 베지테리언을 위한 작은 배려와
가볍게 샌드위치를 먹으려는 손님들을 위한 특별한 한 끼를 만들었어요.

How to Cook

 Ingredients

2인분 [20분]

주재료
가지 1/2개
새송이버섯 1개
애호박 1/4개
식용유 약간
소금 약간
파르메산 치즈가루 1
토마토 1/2개
곡물식빵 4장
바질 페스토 약간

발사믹식초 소스 재료
발사믹식초 1/2컵
설탕 0.3
소금 약간

1. 냄비에 발사믹식초 1/2컵, 설탕 0.3, 소금을 약간 넣고 절반으로 줄어들 때까지 졸인다.

2. 가지 1/2개, 새송이버섯 1개, 애호박 1/4개는 손질해서 0.5cm 두께로 넓적하게 썬다.

3. 팬에 식용유를 두르고 가지, 새송이버섯, 애호박을 노릇하게 구워 소금으로 간한다.

 Cafe Owner's Tip

카페용 샌드위치 만들기
구운 채소는 완전히 식혀서 수분이 날아간 상태에서 샌드위치를 만들어야 쉽게 상하지 않는다. 굽거나 볶은 채소는 넓은 그릇에 펼쳐 식히면 되는데, 날이 더운 여름철에는 부채질을 하거나 선풍기로 재빨리 식힌다.

4. 구운 채소에 ①의 소스를 넣고 고루 버무린 후 파르메산 치즈가루 1을 뿌린다. 토마토 1/2개는 슬라이스한다.

샌드위치 빵에 바질과 치즈, 올리브오일 등으로 만든 바질 페스토를 바르면 훨씬 풍부한 맛이 난다

5. 곡물식빵 한쪽 면에 바질 페스토를 바르고 구운 채소를 먹음직스럽게 올린 후 토마토를 얹고 곡물식빵으로 덮는다.

만만한
테이크 아웃
카페 푸드

연어 주먹밥

주먹밥은 시간 없는 사람들이 끼니를 대충 해결하기 위한 음식이라는 인식들이 있어요.
그래서인지 학원가나 사무실이 밀집한 곳에 주먹밥집들이 눈에 자주 들어와요.
어디에서나 먹을 수 있는 주먹밥이지만 아무거나 넣어 만든 것이 아닌,
맛도 영양도 손색이 없는 연어 주먹밥을 꾹꾹 뭉쳐봤어요.

How to Cook

훈제 연어는 그대로 구워 사용하고 일반 냉동 연어는 해동한 후 소금, 후춧가루로 간하여 구워서 사용한다

소금물을 끓여 풋고추에 부어두면 삭힌 고추 장아찌가 된다

1. 연어 50g은 굵게 다진다.
2. 삭힌 고추 1개는 곱게 다진다.
3. 따끈한 밥 1공기에 후리카케 1, 참기름과 검은깨를 약간씩 넣어 골고루 섞는다.

Ingredients

2인분 [20분]

재료
연어(구운 것) 50g
삭힌 고추 1개
밥 1공기
후리카케 1
참기름 약간
검은깨 약간

4. 밥에 연어와 삭힌 고추를 넣어 고루 섞는다.
5. 밥을 적당량 쥐고 먹기 좋은 크기로 동글동글하게 빚는다.

Cafe Owner's Tip

후리카케 만들기
밥 위에 뿌려 먹는 양념인 후리카케는 시판되는 제품도 많지만, 특별한 맛의 카페 주먹밥을 판매하려면 직접 만들어 사용하는 것도 좋다. 후리카케는 카페에서도 쉽게 만들 수 있는데 마른 새우, 깨소금, 김가루 등을 곱게 다져 섞어서 사용한다.

카페의
아주
특별한

톳 주먹밥

일본으로 출장이나 여행을 가게 되면 재래시장이나 슈퍼마켓에서 말린 톳을 사오곤 해요.
우리나라에도 톳이 나는데, 잘 먹지 않아 대부분 일본으로 수출된다고 들었어요.
다행히 요즘 말린 톳을 마켓에서 쉽게 구할 수 있어 톳 주먹밥도 마음껏 만들 수 있어요.

How to Cook

1. 쌀 1컵은 씻어서 체에 밭쳐 30분쯤 불린다.

2. 솥에 불린 쌀, 물 1컵, 톳 1, 간장 1, 맛술 1, 설탕 0.3, 소금 약간을 넣어 고슬고슬하게 밥을 짓는다.

3. 김치 1/2컵은 잘게 썰어 팬에 참기름을 두르고 볶는다.

4. 밥을 뭉쳐 가운데에 볶은 김치를 넣는다.

5. 밥을 잘 뭉쳐서 삼각형 모양으로 만든다.

Ingredients

2인분 [25분]

주재료
쌀 1컵
물 1컵
톳(말린 것) 1
간장 1
맛술 1
설탕 0.3
소금 약간

소 재료
김치(잘게 썬 것) 1/2컵(50g)
참기름 약간

Cafe Owner's Tip

톳 구입하고 보관하기
겨울이 제철인 톳은 겨울에는 생것으로 구입하여 사용하고 다른 계절에는 건조된 것을 이용한다. 마른 톳은 물에 불려 사용한다.

밥 먹 는 카 페 269

건강한
카페의
건강한

오트밀 쿠키

고소한 맛의 여러 가지 견과류가 들어 있어 수제 쿠키의 느낌이 물씬한 오트밀 쿠키는 원 플레이트를 비우고 계산하면서 많이들 사가는 메뉴랍니다. 고소한 오트밀 쿠키는 테이크 아웃으로도 인기지만 단골손님에게는 덤으로 드리기도 해요.

How to Cook

1. 박력분 90g, 베이킹파우더 1/2작은술, 베이킹소다 1/4작은술, 소금 1/4작은술, 시나몬 파우더 1/2작은술을 한데 섞어 체에 두 번 정도 내린다.

2. 버터 110g은 미리 실온에 꺼내두어 부드러워지면 설탕 50g, 황설탕 40g을 두세 번에 나눠 넣으며 잘 섞는다.

3. ②에 달걀 1/2개를 넣어 부드럽게 젓는다.

오트밀은 모양 그대로 납작하게 압착된 것과 굵은 가루처럼 부서진 상태가 있는데, 오트밀 쿠키에는 모양 그대로 납작하게 압착된 것을 사용해야 볼륨이 산다

4. ③에 체에 친 ①의 가루를 넣어 날가루가 없어질 정도로만 섞고 오트밀 130g, 초코칩 50g, 말린 크랜베리 30g, 다진 호두 30g을 넣고 섞는다.

오븐에 구우면 약간 옆으로 퍼지게 되므로 너무 얇게 떼어 굽지 말고, 오래 구우면 오트밀이 딱딱해질 수 있으니 주의한다

5. 오븐 용기에 일정한 크기로 얹고 180℃로 예열한 오븐에서 15~20분 정도 굽는다.

Ingredients

8인분 [30분]

180℃의 오븐에서 15~20분

재료
박력분 90g
베이킹파우더 1/2작은술
베이킹소다 1/4작은술
소금 1/4작은술
시나몬 파우더 1/2작은술
버터 110g
설탕 50g
황설탕 40g
달걀 1/2개분
오트밀 130g
초코칩 50g
말린 크랜베리 30g
다진 호두 30g

★ 계량저울+계량스푼 계량

Cafe Owner's Tip

오트밀 쿠키 래핑
오트밀 쿠키는 큼직하게 구워 투명한 비닐팩에 하나씩 담아 판매한다.

카 페 를
가 득 채 우 는
쿠 키 향 기

버터링 쿠키

카페에서 커피 향기만큼이나 좋은 것이 쿠키 굽는 향이 아닐까요. 쿠키 굽는 냄새 때문에 지나다가 카페로 들어오시는 분들도 있어요. 버터링 쿠키는 슈거 파우더를 넣고 구워 입안에서 부드럽게 부서지는 맛 때문에 자꾸 손이 가는 쿠키예요.

How to Cook

밀가루의 10% 정도를 코코아가루나 치즈가루 등으로 넣으면 다양한 색깔의 버터링 쿠키를 만들 수 있다

1. 박력분 180g은 체에 친다.

2. 버터 130g은 미리 실온에 꺼내두어 말랑말랑해지면 슈거 파우더 65g을 한꺼번에 넣어 슈거 파우더가 날리지 않게 부드럽게 젓는다.

3. ②에 달걀 1/2개를 넣어 잘 섞은 후 생크림 35g을 약간씩 나누어 넣으면서 섞는다.

4. ③에 체 친 박력분을 넣어 부드럽게 섞는다.

짤주머니에 가득 넣지 말고 조금씩 넣어 짜야 모양을 내기 쉽다 또 생크림이나 달걀을 많이 넣으면 모양이 잘 나지 않는다

5. 반죽을 짤주머니에 넣어 오븐 용기에 모양내어 짜서 170℃로 예열한 오븐에서 15~20분 정도 굽는다.

Ingredients

8인분 [30분]

170℃의 오븐에서 15~20분

재료
박력분 180g
버터 130g
슈거 파우더 65g
달걀 1/2개분
생크림 35g

★ 계량저울 계량

Cafe Owner's Tip

버터링 쿠키 래핑
부서지기 쉬운 버터링 쿠키는 투명한 유리컵이나 작은 박스에 넣어 포장하거나 공기를 넣은 투명 비닐에 넣어 포장한다.

메시지를
담은

모양 쿠키

모양 쿠키는 일 년 내내 구워도 좋아요. 메시지 쿠키라고도 하는데요.
기념할 만한 날이 되면 색색으로 그림을 그리고 글씨를 써두면
카페의 효자 메뉴로 대접받아요. 박스에 넣어 선물하기에도 좋아
미리 주문을 받기도 하고요. 꼬마 손님들이 오면 골라 먹는 재미에 인기가 좋아요.

How to Cook

1. 박력분 300g과 베이킹 파우더 1g을 섞어 체에 친다.

2. 버터 140g은 미리 실온에 꺼내두어 부드러워지면 슈거 파우더 120g을 넣어 날리지 않도록 잘 섞는다. 달걀 1개를 풀어 섞은 후 ①의 체에 친 가루를 넣어 주걱으로 가르듯이 섞는다.

3. 반죽에 랩을 씌우고 냉장고에 넣어 반나절 정도 휴지시킨다. 밀대로 3~5cm 두께로 밀어 원하는 모양틀로 찍어 180℃로 예열한 오븐에서 20분 정도 구워서 식힌다.

오래 섞을수록 색이 하얗게 된다

4. 슈거 파우더 200g을 체에 친 후 달걀흰자 60~70g을 넣어 섞은 후 색소를 몇 방울 떨어뜨려 원하는 색을 내어 유산지에 담고 원뿔 모양으로 만든다.

쿠키가 완전히 식은 다음 아이싱을 해야 하며 아이싱을 한 후 마르지 않은 상태에서 그 위에 다시 아이싱을 하면 번질 수 있으니 조심한다

5. 끝에 1mm의 구멍을 낸 뒤 로열 아이싱을 넣어 두 손으로 감싸 쥐고 쿠키 위에 모양을 낸다.

Ingredients

8인분 [40분]

180℃의 오븐에서 20분

쿠키 재료
박력분 300g
베이킹파우더 1g
버터 140g
슈거 파우더 120g
달걀 1개

로열 아이싱 재료
슈거 파우더 200g
달걀흰자 60~70g
색소 약간

★ 계량저울 계량

Cafe Owner's Tip

계절별 모양 쿠키
새해에는 그해의 십이 간지 모양의 동물 쿠키를 구워 새해 인사 메시지를 적는다. 가정의 달인 5월에는 아이들, 부모님, 부부, 연인에게 선물할 수 있는 하트 모양이나 집 등에 사랑을 담은 메시지를 적는다.
크리스마스에는 트리, 눈사람 등의 쿠키를 만들어 메시지를 적는다.

고소함이
데굴데굴

호두 볼

동글동글한 공 모양으로 만들어 호두 볼이라 불러요. 밀가루에 아몬드가루를 섞어서 굽기 때문에 무척 고소해요. 쿠키는 구워서 완전히 식은 다음 포장해야 눅눅하지 않고 바삭하게 보관할 수 있어요. 여름철에는 밀폐가 잘되는 용기에 넣어 보관하세요.

How to Cook

박력분 120g, 아몬드가루 30g, 베이킹파우더 5g을 체에 친다.

버터 70g은 미리 실온에 꺼내두어 부드러워지면 설탕 70g, 소금 약간을 넣어 섞은 후 바닐라 에센스 약간을 넣어 가볍게 섞는다.

②에 달걀 1/2개를 두세 번에 나누어 넣고 부드럽게 젓는다.

③에 체에 친 가루를 넣어 섞은 후 다진 호두 50g을 넣어 섞는다.

반죽을 일정한 크기로 동글동글하게 만들어 오븐 용기에 담고 180℃로 예열한 오븐에서 13~15분 정도 굽는다.

Ingredients

8인분 [30분]

180℃의 오븐에서 13~15분

재료
박력분 120g
아몬드가루 30g
베이킹파우더 5g
버터 70g
설탕 70g
소금 약간
바닐라 에센스 약간
달걀 1/2개분
다진 호두 50g
★ 계량저울 계량

Cafe Owner's Tip

호두 볼 래핑
호두 볼을 완전히 식혀 슈거 파우더에 굴려 포장하거나 투명 용기에 담고 슈거 파우더를 솔솔 뿌려 포장하는 방법도 있다.

만인의
스위트

호두 파이

언제, 어디에서든, 누구에게나 인기 있는 스위트라면? 호두 파이요! 고소한 호두가
넉넉히 들어가 고소한데다 파이 껍질이 바삭하고 달지 않으니 자꾸만 먹게 돼요.
여유 있을 때 호두 파이 반죽을 미리 해서 냉동보관하고, 필요한 분량씩만 꺼내
해동해서 구우면, 큰 수고를 들이지 않고 카페의 인기 메뉴를 매일 선보일 수 있어요.

How to Cook

파이 반죽을 만든다. 강력분 80g, 박력분 160g은 체 쳐서 단단한 상태의 버터 90g을 넣고 보슬보슬한 상태로 섞는다.

찬물 2큰술, 달걀노른자 1개, 소금을 섞어 ①에 조금씩 나눠 넣는다. 덩어리로 뭉쳐지면 냉장고에 넣어 1시간 이상 휴지시킨다.

충전물을 만든다. 호두 100g은 굵게 다진다. 버터 30g은 중탕으로 녹여 흑설탕 30g, 계핏가루 2작은술을 넣고 잘 섞은 후 물엿 150g을 넣어 젓다가 중탕 볼에서 꺼낸 후 한 김 식힌다.

달걀 3개를 풀어 ③의 버터에 조금씩 나눠 넣어 섞은 후 체에 내린다.

휴지시킨 파이 반죽은 밀대로 파이틀 크기에 맞춰 밀어 가장자리를 손가락으로 눌러주며 밀착시킨 후 바닥에 포크 자국을 낸다. 호두를 담고 충전물을 틀의 80% 정도만 채워 160℃로 예열한 오븐에서 40분 정도 굽는다.

Ingredients

8인분 [1시간]

160℃의 오븐에서 40분

파이 반죽 재료
강력분 80g
박력분 160g
버터 90g
찬물 2큰술
달걀노른자 1개분
소금 약간

충전물 재료
호두 100g
버터 30g
흑설탕 30g
계핏가루 2작은술
물엿 150g
달걀 3개
소금 약간

★ 계량저울+계량스푼 계량

Cafe Owner's Tip

호두 파이 래핑과 서빙법
호두 파이는 크게 만들어서 작은 조각으로 잘라 포장하기도 하지만 미니 호두 파이를 만들어 포장하면 먹기에 편하고 모양도 좋다. 또 카페에서 호두 파이를 주문받았을 때에는 만들어둔 파이를 전자레인지에 30초 정도 데워 접시에 담아낸다.

러브 이즈
매직

초콜릿 케이크

달콤한 초콜릿은 사랑의 상징이 되었지요. 밥먹는 카페에도 연인들의 발걸음이 잦아요.
오늘의 플레이트를 먹은 연인들은 달콤한 디저트인 초콜릿 케이크도 즐겨 찾는답니다.
밸런타인데이나 화이트데이에 더욱 빛을 발하는 메뉴예요.

How to Cook

Ingredients

18cm 원형틀 1개 분량
[40분]

180℃의 오븐에서 30~40분

재료
박력분 40g
옥수수 녹말 30g
소금 약간
생크림 80g
다크 초콜릿 190g
버터 80g
달걀노른자 3개분
달걀흰자 3개분
설탕 80g
★ 계량저울 계량

박력분 40g, 옥수수 녹말 30g에 소금 약간을 넣어 체에 친다.

생크림 80g을 데운 후 잘게 부순 다크 초콜릿 190g과 버터 80g을 넣고 잘 녹인다.

②에 달걀노른자 3개를 하나씩 넣어가며 골고루 섞는다.

Cafe Owner's Tip

초콜릿 케이크 래핑
케이크가 완전히 식으면 6~8조각으로 잘라 한 조각씩 포장한다.

차가운 상태의 달걀흰자 3개를 거품 내면서 설탕 80g을 두세 번에 나눠 섞어 머랭을 만든다.

기호에 따라 견과류를 뿌리거나 케이크가 완전히 식으면 슈거 파우더를 뿌린다

③에 머랭을 반만 넣고 주걱으로 잘 저은 후 나머지 머랭을 넣고 거품이 꺼지지 않도록 가볍게 섞고 ①의 체 친 가루를 넣어 섞어 180℃로 예열한 오븐에서 30~40분 정도 굽는다.

나른한 오후의 간식

호두 브라우니

밥먹는 카페 근처에 있는 사무실에서 가끔씩 직원들 간식으로 주문하는 메뉴예요.
달콤한 호두 브라우니는 오후의 나른함과 출출함을 한번에 해결해준다며
입을 모아 칭찬해요. 살짝 데워 먹으면 더 맛있고 초콜릿 향도 더 강해져요.

How to Cook

1. 호두 50g은 구워서 식힌 뒤 1mm 크기로 잘게 썰고, 장식용으로 쓸 호두는 슬라이스해서 6조각을 준비한다.

2. 밀크 초콜릿 100g은 잘게 다져 버터 50g과 함께 볼에 담아 40℃ 정도로 중탕해 식지 않게 준비한다.

3. 볼에 달걀 2개와 흑설탕 30g을 넣어 잘 섞은 후 우유 50g을 두 번에 나누어 넣고 섞는다. 녹인 초콜릿과 버터를 조금씩 나누어 넣으면서 섞는다.

브라우니 틀을 준비하여 반죽을 채울 때에는 3cm 이상 넣지 않아야 속까지 잘 익는다

4. 박력분 50g과 베이킹파우더 1g은 체에 쳐서 ③에 서너 번에 걸쳐 나누어 넣고 고무 주걱으로 섞은 후 다진 호두를 넣어 가볍게 섞는다.

5. 준비한 틀에 종이를 깔고 반죽을 부어 장식용 호두를 얹은 후 180℃로 예열한 오븐에서 15~20분 정도 굽는다.

Ingredients

8인분 [40분]

180℃의 오븐에서 15~20분

파이 반죽 재료
호두 50g
장식용 호두(구운 것) 3개
밀크 초콜릿 100g
버터 50g
달걀 2개
흑설탕 30g
우유 50g
박력분 50g
베이킹파우더 1g

대체 재료
호두 ▶ 아몬드, 피스타치오 등의 견과류

★ 계량저울 계량

Cafe Owner's Tip

호두 브라우니 서빙
카페에서 낼 때에는 미리 만들어둔 브라우니를 접시에 담고 전자레인지에 20~30초 정도 살짝 데워 슈거 파우더를 약간 뿌린다.

동 양
생 과 자 점
오 픈

유
자
향

만
주

만주는 미리 만들어 냉동해두었다가 구울 수 있어요. 냉동실에 보관할 때에는
냄새가 배지 않도록 잘 밀봉해서 보관하고, 냉장실에서 해동한 후 굽는 것이 좋아요.
어버이날이나 스승의 날 등에 선물하기 좋은 메뉴예요.

How to Cook

1. 박력분 150g, 아몬드가루 15g, 베이킹파우더 3g을 체에 친다.

2. 달걀 1개를 잘 풀고 설탕 30g, 물엿 7g, 소금 약간을 넣어 거품기로 고루 섞는다. 버터 15g을 녹여넣고 우유 1/2큰술을 넣어 섞는다.

3. ②에 체에 친 가루를 넣고 고무주걱으로 잘 섞어 비닐팩에 넣어 냉장고에서 30분 정도 휴지시킨다.

4. 흰 앙금 150g에 유자청 2작은술을 다져넣어 고루 섞는다.

5. 휴지시킨 반죽을 밀대로 4~5mm 두께로 밀어 편 후 흰 앙금을 넣고 말아 냉장실에서 굳힌다. 한입 크기로 잘라 오븐 용기에 얹는다.

6. 반죽에 달걀노른자 1개와 우유 1큰술을 섞어 달걀물을 바르고 180℃로 예열한 오븐에서 20분 정도 굽는다.

Ingredients

8인분 [40분]

180℃의 오븐에서 20분

파이 반죽 재료
박력분 150g
아몬드가루 15g
베이킹파우더 3g
달걀 1개
설탕 30g
물엿 7g
소금 약간
버터 15g
우유 1/2큰술
흰 앙금 150g
유자청 2작은술

달걀물 재료
달걀노른자 1개분
우유 1큰술

★ 계량저울+계량스푼 계량

Cafe Owner's Tip

앙금으로 다양한 맛 내기
앙금의 맛에 따라 만주의 맛도 달라진다. 앙금에 여러 가지 견과류나 건과일을 계절마다 선택하여 섞으면 다양한 맛의 만주를 선보일 수 있다.

밥먹는 카페맘의 자랑이자
밥먹는 카페맘의 엑기스인
각종 과일청을 한번 모아봤어요.
사실 과일청을 사서 마시기는 쉬워도
직접 담그려고 하면
여간 손이 가는 게 아니잖아요.
그래도 작정하고 담가두면,
그래서 깨끗한 유리병에서 잘 숙성시키면,
두고두고 귀한 음료가 되니
그 고운 빛과 향과 맛으로
우리들 심신이 퍽이나 건강해질 수 있을 거예요.

밥먹는 카페맘의 과일청 갈무리!
여기 실린 대로 한번 따라하다 보면요,
내 먹을거리로
네 먹을거리로
보다 따뜻한 티 테이블로
대화가 깊어지는 사람의 정 또한
덤으로 얻으실 텐데요,
그 가짓수도 참 다양해요.

매실청, 석류청, 사과청, 레몬청, 오미자청,
유자청, 복분자청, 블루베리청……
지금부터 시작해볼까요?

CHAPTER 6

Special Drink

밤먹는 카페의
사계절 과일청

석류청

미국이나 이란 등에서 수입되는 석류는 알맹이를 음료나 빙수에 띄우면 반짝반짝 빛을 내는 과일이지요. 중동에서는 현지인들이 배탈이 난 여행객들에게 권하는 비상약이기도 하답니다.

Ingredients

재료
석류 4개
흰 설탕 600g

Cafe Owner's Tip

석류청은 석류에이드를 만들거나 떡이나 케이크 반죽에 넣거나 진액을 졸여 디저트 소스로 활용한다.

How to Cook

❶ 석류 4개는 껍질째 물에 씻어 칼로 반으로 쪼개어 알맹이만 발라낸다.

❷ 밀폐용기에 석류와 설탕을 켜켜이 담는데, 설탕은 아래쪽에는 조금 담고 위쪽으로 갈수록 많이 담는다.

❸ 일주일쯤 지나 설탕이 녹으면 아래쪽 설탕까지 녹도록 젓는다.

❹ 100일쯤 지나면 체에 거르고 눌러 석류가 완전히 으깨지도록 으깨어 병이나 밀폐용기에 담고 병에는 날짜를 적어둔다.

매실청

매실은 5~6월이 제철. 청매실은 깨끗하게 씻어 꿀이나 설탕에 재워 100일쯤 지나 걸러두었다가 사용하면 음료, 소스, 드레싱 등으로 다양하게 이용할 수 있어요. 가끔 손님들이 속이 불편하거나 더부룩하시다고 하면 소화제로도 한 잔씩 드려요.

Ingredients

재료
매실 5kg
황설탕 5kg

Cafe Owner's Tip

매실에이드, 따뜻한 매실차, 샐러드 드레싱, 냉채 소스, 매실 고추장 소스, 초고추장, 냉국 등에 활용한다.

How to Cook

❶ 매실 5kg은 물에 씻어 체에 밭쳐 물기를 뺀다.
❷ 밀폐용기에 매실과 황설탕 5kg을 켜켜로 담는데, 위쪽으로 갈수록 설탕을 많이 담는다.
❸ 설탕이 녹아서 매실에서 즙이 생기기 시작하면 아래 설탕이 녹지 않고 쌓일 수도 있으니 설탕이 다 녹도록 젓는다.
❹ 100일이 지나면 걸러서 병이나 밀폐용기에 담아두고 병에 날짜를 적어둔다.

밥 먹는 카페

사과청

밥먹는 카페에서는 겨울 한정 음료로 사과차를 내요.
사과차에는 꼭 숟가락을 함께 내어 사과까지 다 드시라고 권해요.
풍부한 비타민 C가 감기 예방에 좋거든요.

Ingredients

재료
사과 10개
흰 설탕 3kg

Cafe Owner's Tip

사과청은 따뜻한 사과차로,
사과 시럽은 스무디 등에 활용할
수 있다.

How to Cook

❶ 사과 10개는 물에 씻어 건져 물기를 빼고 길이로 4등분하여 씨를 제거하고 껍질째 납작납작하게 썬다.

❷ 밀폐용기에 사과와 설탕 3kg을 켜켜이 담는데, 설탕은 아래쪽에는 조금 담고 위쪽으로 갈수록 많이 담는다.

❸ 일주일쯤 지나 설탕이 녹으면 아래쪽 설탕까지 녹도록 젓는다.

❹ 설탕이 다 녹아 사과가 절여지면 1개월 정도 두고 먹으면 가장 향과 맛이 좋다. 병에는 날짜를 적어둔다.

레몬청

레몬을 설탕에 재웠다 에이드를 만들거나,
여러 가지 과일 스무디를 만들 때 설탕이나 시럽 대신 레몬 절임을
약간 넣으면 훨씬 신선하고 달콤한 맛을 기대할 수 있어요.

Ingredients

재료
레몬 10개
흰 설탕 1.5kg

Cafe Owner's Tip

레몬청에는 반드시 흰 설탕을 넣어야 레몬의 색감을 살릴 수 있다. 또 레몬청으로는 레모네이드나 레몬차를 낼 수 있고, 레몬 절임으로는 딸기 스무디, 토마토 스무디, 산딸기 스무디 등에 시럽 대신 사용할 수 있다.

How to Cook

❶ 레몬 10개는 깨끗하게 씻어 양 끝을 잘라내고 반으로 갈라 납작하게 썬다.

❷ 밀폐용기에 레몬과 흰 설탕 1.5kg을 켜켜이 넣어 절인다. 아래쪽보다는 위쪽에 설탕을 더 많이 넣는다.

❸ 일주일쯤 지나 설탕이 녹으면 아래쪽 설탕까지 녹도록 젓는다.

❹ 설탕이 다 녹으면 보관해두었다가 사용한다. 물이 묻은 숟가락을 자주 사용하면 레몬 절임에 곰팡이가 낄 수 있다.

오미자청

생오미자는 8월 중순에서 9월까지 구할 수 있어요.
그 이후에는 마른 오미자를 1년 내내 구할 수 있지만 생오미자를
절여 만든 오미자청이 신선하고 빛깔도 곱다는 거, 기억해두셨으면 해요.

Ingredients

재료
오미자 5kg
흰 설탕 5kg

Cafe Owner's Tip

오미자에이드, 따뜻한 오미자차, 수박화채, 배화채 등에 사용한다. 또 처음에는 설탕에 재워 오미자청을 만들고, 거르고 남은 오미자에 술을 부어두면 오미자주가 된다.

How to Cook

❶ 오미자 5kg은 줄기째 물에 씻어 체에 밭쳐 물기를 뺀다.

❷ 밀폐용기에 오미자와 흰 설탕 5kg을 켜켜이 담는데, 설탕은 아래쪽에는 조금 담고 위쪽으로 갈수록 많이 담는다.

❸ 10일쯤 지나 설탕이 녹으면 아래쪽 설탕까지 녹도록 젓는다.

❹ 100일쯤 지나 오미자가 잘 절여지면 체에 걸러 병이나 밀폐용기에 보관하고 거른 오미자는 다시 밀폐용기에 담아 담금주용 소주를 부어 오미자주를 만든다. 병에는 날짜를 적어둔다.

유자청

유자의 제철은 11월부터 12월까지.
모양은 울퉁불퉁 못생겼지만 향기로운 유자청은 음료와
요리 재료로 항상 인기랍니다. 유자청을 요리에 활용하면
은은한 향기가 입맛을 돋우기에 충분해요.

Ingredients

재료
유자 10개
흰 설탕 1.5kg

Cafe Owner's Tip

유자청은 유자차, 유자에이드나 드레싱에 넣기도 하고, 여러 가지 조림에 약간 넣으면 은은한 향이 나는 독특한 조림이 된다.

How to Cook

❶ 유자 10개는 물에 씻어 건져 물기를 빼고 길이로 4등분하여 알맹이는 그대로 꺼내고 껍질은 일정한 두께로 채썬다.

❷ 밀폐용기에 유자와 흰 설탕 1.5kg을 켜켜이 담는데, 설탕은 아래쪽에는 조금 담고 위쪽으로 갈수록 많이 담는다.

❸ 일주일쯤 지나 설탕이 녹으면 아래쪽 설탕까지 녹도록 젓는다.

❹ 설탕이 다 녹아 유자가 절여지면 음료나 요리에 활용하고 병에는 날짜를 적어둔다.

복분자청

복분자는 여름이 시작되는 6월부터 7월 사이에 아주 짧은 기간에만 나와요. 또 복분자는 쉽게 상하기도 하니 구입하면 바로 설탕에 절이거나 냉동고에 저장하는 것이 신선도 유지에 관건이랍니다.

Ingredients

재료
복분자 1kg
흰 설탕 1kg

Cafe Owner's Tip

복분자청은 복분자에이드, 과일 스무디, 디저트 소스로 활용하거나 떡이나 케이크 반죽에 활용한다. 또 복분자는 다른 과일과 달리 수분이 많지 않으니 걸러서 건더기를 버리지 말고 갈아서 사용해도 된다.

How to Cook

❶ 복분자 1kg은 물에 여러 번 씻거나 오래 담가두면 복분자의 맛이 많이 빠지니 물을 받아놓고 가볍게 씻어 체에 밭쳐 물기를 뺀다.

❷ 밀폐용기에 복분자와 흰 설탕 1kg을 켜켜이 담는데, 설탕은 아래쪽에는 조금 담고 위쪽으로 갈수록 많이 담는다.

❸ 일주일쯤 지나 설탕이 녹으면 아래쪽 설탕까지 녹도록 젓는다.

❹ 100일쯤 지나면 걸러서 병이나 밀폐용기에 담고 병에는 날짜를 적어둔다.

블루베리청

세계의 슈퍼 푸드로 선정되면서 큰 주목을 받고 있는 블루베리는 지금까지 대부분 냉동이나 건조된 상태로 수입되었으나 최근에는 국내산 블루베리도 구입할 수 있게 되었어요. 만드는 방법이 어렵지 않으니 싱싱한 블루베리로 가족들 모두의 비타민을 챙기세요.

Ingredients

재료
블루베리 1kg
(생블루베리 또는 냉동)
흰 설탕 1kg

Cafe Owner's Tip

블루베리청은 블루베리에이드, 블루베리스무디로 만들거나, 떡이나 케이크, 머핀을 구울 때 넣거나 디저트 소스로 활용한다.

How to Cook

❶ 블루베리 1kg은 물에 씻어 건져 체에 밭쳐 물기를 뺀다.
❷ 밀폐용기에 블루베리와 흰 설탕 1kg을 켜켜이 담는데, 설탕은 아래쪽에는 조금 담고 위쪽으로 갈수록 많이 담는다.
❸ 일주일쯤 지나 설탕이 녹으면 아래쪽 설탕까지 녹도록 젓는다.
❹ 블루베리가 절여지면 그대로 보관하고, 병에는 날짜를 적어둔다.

밥 먹는 카페

한국인에게 '밥'은 꽤 많은 의미가 있어요.

따뜻한 밥을 해놓고 기다리는 엄마를 떠오르게도 하고,

어렵고 힘든 일이 있는 친구와 밥 같이 하면서

격려와 위로를 나누게도 하지요.

아무리 산해진미가 차려져 있어도

밥이 없는 한국인의 밥상은 상상하기 어렵지요.

밥먹는 카페는 이름처럼

커피와 차, 디저트를 주로 선보이던 기존 카페에

잘 차린 밥까지 먹을 수 있게 한 복합 공간입니다.

따끈따끈한 밥 한 그릇을 먹으며 편하게 머물 수 있는 곳,

보다 큰 힘을 내게하는 특별한 밥상이 있는 곳,

제철 재료를 활용한 에너지 만점 메뉴로 건강까지 챙길 수 있는

그런 곳이 바로,

밥먹는 카페랍니다.

CHAPTER 7

Cafe Lesson
밤먹는 카페의 창업 스토리

밥먹는 카페는 여기 있어요

밥 먹 는

카 페

Cafe Style 원 플레이트에 담긴 밥과 커피 등의 간단한 음료를 선보이는 주택가 카페. 때때로 작품을 전시하려는 아티스트나 예비 카페 오너를 위한 원데이 렌탈 카페로도 공간을 나누고 있다.

Owner 쿠킹 스튜디오 네츄르먼트
Grand Open 2010년 5월
Open 11:00~21:00
Close 일요일과 월요일
Address 서울시 마포구 창전동 6-29 1층
Tel 02-333-6195

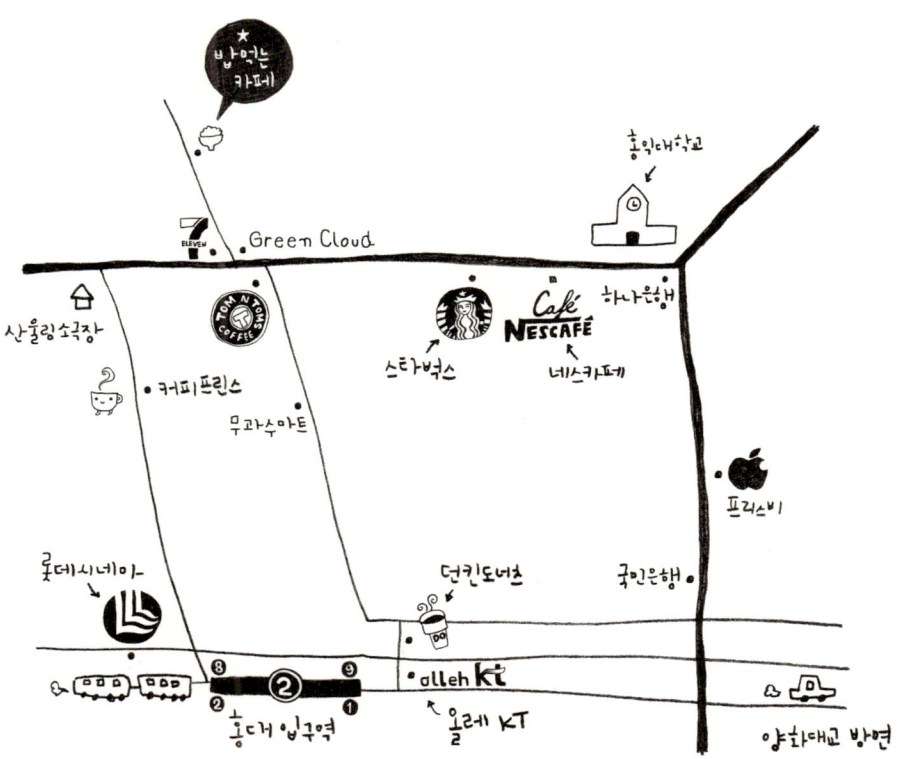

밥먹는 카페 구석구석 탐색 🍷

홍대 주택가가 보이는 창가

밥먹는 카페에는 혼자 오는 손님이 많은데 테이블석이 비어 있어도 창가에 앉는 분들이 많아요. 어지럽게 걸려 있는 전선들이 주인 행세를 하는 다소 복잡한 홍대 주택가가 눈앞에 펼쳐지지만 넓은 창을 바라보다 보면 어느새 혼자만의 시간이 익숙해지는 곳이래요. 창가에 책을 쭉 늘어놓아 책을 보면서 밥을 먹는 즐거움도 있어요. 가끔 손님들이 책을 선물하기도 한답니다.

책꽂이 밥

카페 공간이 좁아서 큰 책꽂이로 인테리어를 하면 답답해 보일 것 같아서 작은 책꽂이를 찾다가 반짝한 아이디어예요. '밥'이란 단어로 책꽂이를 만들면 책장으로도 우리 카페를 표현하기 좋을 것 같아서 맞춤 제작했어요. 책이나 도예가의 그릇을 소개하는 작은 갤러리로 활용하고 있어요.

오픈키친

밥먹는 카페의 메뉴를 배우고 싶어하는 분들을 위해 쿠킹 클래스를 진행할 수 있도록 카페 주방은 오픈키친으로 만들었어요. 오픈된 공간에 아일랜드 테이블을 두었는데 손님들과 눈인사를 하기 좋아요. 때때로 혼자 오는 손님이 바처럼 마주 보고 앉아서 식사를 하기도 해요.

인도의 어느 마을을 품은 벽화

카페의 공간이 좁아서 지나친 인테리어는 오히려 복잡한 느낌이 들 것 같았어요. 카페에서 가장 넓은 벽면에는 인도로 여행을 갔을 때 맑은 하늘에 쭉쭉 뻗은 야자수들이 유난히 평화로워 보였던 기억을 떠올렸어요. 우리 카페도 그런 편안함을 주는 공간이 되었으면 하는 바람으로 촬영해 온 사진을 바탕으로 벽화를 그렸어요. 다만 풍경 사진에는 없는 테이블을 하나 그려넣었고요. 해가 지고 어두워지면 카페 불빛에 벽화가 눈에 띄어 벽화 이야기가 궁금해서 찾아오신 손님도 있었어요.

운동장 화장실

손님들이 화장실 이야기를 많이 하세요. 밥먹는 공간에서 화장실 이야기는 참 어울리지 않지만 꽤 넓은데다 한쪽 벽면을 책장으로 꾸며 마음에 든다고요. 샤워 부스가 있는 화장실이라 따로 공사를 하기에 어려움이 있어 그 공간에 책장을 짜넣었어요. 비록 여러 사람이 쓰는 화장실이라 오래 머물 수는 없지만 화장실도 편안한 공간이 되었으면 하는 바람을 담았거든요. 책장이 있어 화장실을 깨끗하게 사용해야겠다는 생각이 들어서인지 여태껏 지저분하게 사용한 분이 한 명도 없었어요.

테라스

따뜻한 봄부터 살랑살랑 바람이 부는 가을까지 테라스에 작은 테이블을 두면 최고의 인기석으로 대접받아요. 테이블 옆에 갖가지 채소가 자라고 있어서인지 자연 속에 있는 듯한 느낌에 마음이 편안해지는 공간이라고들 하세요. 손님이 없을 때 테라스에 앉아 카푸치노를 마시기도 하는데 말할 수 없이 행복한 시간이에요.

테라스 텃밭

봄에서 가을까지 우리 카페의 소소한 식재료를 책임지는 텃밭이에요. 따로 인테리어를 하지 않고 원래 있던 공간을 그대로 활용했어요. 기다란 화분에 여러 가지 쌈채소도 심고 한쪽에는 허브를 심어요. 민트는 따서 음료에 띄우기도 하고, 로즈메리는 말려서 따끈한 물에 우려 음료로 내기도 하고, 돼지고기를 삶을 때 넣으면 좋아서 동네 어르신들께 따서 선물하기도 해요. 쌈채소는 그때그때 따서 겉절이를 만들어 상에 내면 손님들이 감동하세요. 아이들을 데리고 온 손님들은 쌈채소나 허브를 보고 만지며 즉석 자연 학습장으로 활용하시기도 해요.

밥먹는 카페의 숨겨진 이야기

어느 날, 문득 카페나 해볼까?

홍대 근처 주택가 언덕길에 작은 쿠킹 스튜디오를 운영하고 있었는데 스튜디오 옆 사무실 공간이 비게 되었습니다. 쿠킹 스튜디오가 입주한 건물은 고만고만한 주택가에서 외관이 눈에 띄는 곳이고 특히 옆 사무실은 테라스가 예뻐서 늘 탐내던 공간이었어요. 쿠킹 스튜디오의 공간이 좁아서 사무실로 사용하면 어떨까 고민하던 차에 요리 연구가를 꿈꾸는 스태프들이 사무실로 쓰기에는 아쉬우니 작은 카페를 만들어보자고 제안하였어요. 어느 누구도 카페를 운영해본 적이 없었지만 해보고 싶은 마음은 똑같았어요. 그래서 작은 카페를 열기로 결정했고, 어떤 카페가 좋을까 고민하면서 모두 똑같이 밥을 먹을 수 있는 카페를 만들자는 데 의견이 모아졌어요. 그 순간부터 머릿속에는 커피 향이 폴폴 나는 공간에서 맛있는 밥을 먹는 특별한 카페가 만들어지고 있었습니다.

○○○일 대작전으로 진행된 카페 오픈 프로젝트

막상 카페를 오픈하려니 어떤 과정을 거쳐야 되는지 아는 사람이 아무도 없더라고요. 그래서 맨 처음 한 일이 카페 창업과 관련된 서적을 검토하는 거였어요. 카페를 같이 운영할 스태프들이 모일 때면 카페 네이밍에 대해 논의하기 시작했고요. 이런저런 카페 이름이 나왔지만 모두를 만족시키는, 우리가 하고자 하는 카페를 연상시키는 이름은 쉽게 나오지 않더라고요. 주변의 인맥까지 동원해봤지만 역부족이었어요. 카페 이름을 결정하는 것에서부터 어려움이 시작된 거지요. 그러던 어느 날 "우리 카페는 밥을 먹는 카페니 그냥 '밥먹는 카페'로 가자"고 농담처럼 한 이야기에 다들 동의하였고, 여러 번 생각해봐도 괜찮더군요. 그렇게 '밥먹는 카페'가 탄생되었어요.

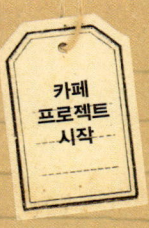

카페의 미모 가꾸기, 인테리어

인테리어를 시작하면서 가장 큰 고민은 역시 넉넉하지 않은 예산이었어요. 인테리어 비용을 최소화하기 위해 직접 하겠다고 겁 없이 뛰어들었고, 후회도 많았어요. 그 과정에서 어설프게 아는 게 오히려 비용을 더 많이 낭비할 수 있다는 현실도 깨달았고요. 이처럼 무모한 용기 덕분에 '인테리어에만 3개월'이라는 시간을 들여야 했어요. 초보자는 잘 알 수 없는 전기용량, 하수배관과 가스배관 등의 문제가 인테리어 전체를 뒤흔들어 주방의 위치를 세 번이나 바꿔야 했어요. 입구와 화장실의 위치를 잡는 데 시간을 허비하면서 역시 전문가가 필요하다는 사실을 절감했어요. 그동안 관리해온 인맥을 이제는 활용할 때라는 생각으로 최소한의 비용으로 최대의 효과를 내기 위해 주변의 온갖 지인들에게 도움을 요청했어요. 공사를 진행하면서 많은 지인들이 괴롭힘에 시달렸지만 그분들 덕분에 밥먹는 카페는 조금씩 모습을 드러냈어요.

일단 인테리어 공사는 인테리어 관련 일을 하는 지인의 도움으로 원자재 가격으로 직접 자재를 대는 사업자와 인부들을 소개받아 사업자 공급가로 납품을 받아 공사를 할 수 있었어요(물론 일일이 작업을 지시하고 확인하고 논의해야 하는 어려움이 있었지만 나름 흥미로운 작업이었어요). 목공사, 부엌 공사, 화장실 공사, 벽장 공사, 유리 공사, 칠, 도배 이렇게 많은 부분으로 나누어 작업이 이루어져야 하고, 각각의 작업을 하는 분들의 성향이 정말 다양하다는 것에 한 번 더 놀랐어요. 여기서 주의해야 할 점은 주방을 만들 때 주방에서 사용할 기구와 전자제품이 모두 들어갈 수 있도록 공간을 면밀히 계산해야 하고 그 제품들을 배치하고 나서 공간에 여유가 있어야 해요. 주방 기구 옆과 뒤쪽으로 적어도 10cm 정도 여유가 있어야 전자제품이 고장 나지 않는답니다.

벽화와 인테리어 소품, 접이식 간판들은 미대 출신 후배들의 도움이 컸어요. 후배들이 퇴근 후 카페로 찾아와 밤마다 조금씩 작업해준 덕분에 재료비만으로 해결할 수 있었어요.

카페에서 특히 중요한 오디오는 카페가 협소한 관계로 안타깝게도 설치를 포기해야 했어요. 음악에 남다른 조예가 있는 것은 아니지만 좋은 음악이 카페 분위기에 중요한 요소라고 생각해서 괜찮은 오디오를 설치할 욕심이었지만…… 대신 작은 MP3와 용산에서 직접 구입한 스피커 세트에 직접 선을 연결하고 쫄대를 천장에 붙여 밥먹는 카페의 소박한 오디오 시스템을 마무리했어요. 그런데 스피커 설치에만 3일이 걸렸답니다.

밥하는 카페의 주방 기기

주방에서 쓸 만한 기구와 전자제품을 구입하는 것은 예산에서 중요한 부분을 차지해요. 기구와 전자제품을 소비자가로 구입하기보다 지인들의 도움을 받아서라도 최대한 싸게 좋은 제품을 구입하는 것이 필요합니다. 냉장고와 냉동고는 카페의 규모에 따라 사이즈를 결정해서 주문제작 하면 돼요. 냉장고를 두 칸으로 할 수도 있고 냉동고를 두 칸으로 할 수도 있는데, 우리 카페는 공간이 협소해서 냉장, 냉동고가 함께 있는 것으로 구성했어요.

쇼케이스는 사각형도 있고 원형도 있는데 보통 기성품은 사이즈가 정해져 있지만, 원하는 사이즈로 구성할 수도 있어요. 단, 구성에 약간의 제한은 있으니 기성품의 사이즈를 벗어나지 않으면 다양한 디자인으로 구입할 수 있답니다. 냉난방기는 천장에 다는 게 가장 좋아요. 공간의 활용이 자유롭고 시각적으로도 좋아요. 그러나 우리 카페는 천장이 낮아 냉난방기의 설치가 어려워서 스탠드 에어컨을 설치했어요. 냉방기는 실내 평수보다 용량이 큰 것을 설치하는 게 좋아요. 카페에는 커피머신, 냉장고, 쇼케이스, 제빙기 등이 기본으로 설치되는데 이런 기구들이 발산하는 열을 식히는 것만으로도 냉방기가 필요하니까요. 따라서 냉방기는 실내 평형만 맞추어서는 절대 안 돼요.

메뉴 리스트 업

해보고 싶은 메뉴가 사실 너무 많았어요. 그래서 처음에는 매일매일 메뉴를 바꾸는 데일리 메뉴에 다양한 음료와 디저트로 메뉴를 짰어요. 그런데 차근차근 정리하다보니 많은 어려움이 발생하더군요. 이미 주방이 세팅된 상태이기 때문에 메뉴 구성에 제약이 따르기도 했어요. 대략의 메뉴만 구성해서 주방을 먼저 세팅한 관계로 주방을 최대한 활용할 수 있는 메뉴로 재구성하기 시작했어요. 데일리 메뉴는 아무래도 카페 규모로 볼 때 어려울 듯하여 위클리 메뉴로 구성하기로 하고 커피 메뉴와 우리 카페만의 특별한 메뉴를 몇 가지 구성하기로 결정했어요.

스태프 구성

오너의 손맛과 서비스보다 절대적으로 중요한 것은 스태프의 구성이에요. 손님을 응대하고 카페를 청결하게 유지하며 카페 메뉴를 만들고 코스트 관리 등을 하는 스태프가 제대로 구성되지 않으면 완전한 카페를 꾸려갈 수 없거든요. 특히 '밥먹는 카페'는 음식을 내는 곳이기 때문에 다른 카페보다 더 많은 일을 해야 해요. 요리에 관심 있는 사람들로 스태프를 구성하고 일주일에 한 번 정도 카페 운영 전반에 대한 회의를 하면서 역할을 분담하고 카페를 효율적으로 운영하기 위한 아이디어 회의를 열고 있어요.

밥먹는 카페의 스태프들

여진맘 주인장. 요리 연구가. 카페의 메뉴 개발과 요리를 책임지며 찾아오는 손님들 응대가 주 업무. 건강한 요리를 선호하기 때문에 메뉴를 구성할 때 많은 고민을 한다.

잔소리쟁이 또다른 주인장. 청결주의자로 카페 청소가 가장 중요하다고 강조, 또 강조하여 '밥먹는 카페'의 청결 유지에 지대한 공을 세우고 있다. 여행과 사진을 좋아하고, 잡다한 지식의 소유자로 카페에서는 잔소리쟁이로 통한다. 그러나 커피와 인연이 깊으며 카푸치노를 뽑는 솜씨는 단연 최고! 커피의 구매와 맛 관리를 담당하고 있다.

수민맘 총괄 매니저. 요리 연구가. 조리를 전공했고, 문화센터에서 강의를 진행한다. 카페의 전체 운영을 책임지고 있으며 물품 관리, 스태프 관리, 단골손님 관리를 맡고 있다. 열한 살 된 수민이의 엄마로 카페의 실세다.

쿠키 선경 깔끔하고 정확한 성격으로 수제로 만든 쿠키가 아닌 것처럼 느껴질 정도로 크기와 모양이 일정한 쿠키를 만드는 재주를 지녔다. 카페에서 그녀의 별명은 '쿠키 선경'.

여수댁 전 방송작가. 새내기 요리 연구가. 가끔 튀어나오는 구수한 사투리로 들려주는 음식에 대한 지식들은 작가 출신이기 때문인 듯하다.

별똥부대 스태프들이 일이 있을 때는 요리 연구가를 꿈꾸는 많은 스태프들이 서포트하고 있다.

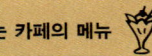 밥먹는 카페의 메뉴

Main
Today's Menu

오늘의 플레이트+음료 _ 8,000원
오늘의 브레드+음료 _ 5,000원

음료는 아메리카노(HOT/ICE)와
탄산음료 중 선택

오늘의 플레이트 _ 7,000원

일주일마다 바뀌는
밥먹는 카페의 대표 메뉴

오늘의 브레드 _ 4,000원

한 끼 식사로도 손색이 없는
밥먹는 카페표 샌드위치
★ 매주 메뉴가 바뀜.

밥먹는 카페의 창업 비용

No	구분	품 목	단가	수량	금액
1	임대 보증금				10,000,000
					10,000,000
2	내부 인테리어비	목공사, 하수 공사, 화장실 공사			4,500,000
		부엌 바, 창가 바 등 부엌가구, 벽장 공사			5,700,000
		유리 공사			2,300,000
		벽화 그림, 인테리어용 병 제작, 세움 간판 등			1,500,000
					14,000,000
3	주방 기계	에스프레소 머신(740x450x500)	5,500,000	1	5,500,000
4		에스프레소 그라인드(250x450x550)	1,000,000	1	1,000,000
5		테이블 냉장고/냉동고(1500x700x850)	1,500,000	1	1,500,000
6		제빙기(500x650x850)	1,350,000	1	1,350,000
7		블렌더	450,000	1	450,000
8		빙삭기	350,000	1	350,000
9		쇼케이스(900/1200/1500)	2,500,000	1	2,500,000
10		에어컨	1,550,000	1	1,550,000
11		오븐	450,000	1	450,000
12		밥통	150,000	2	300,000
					14,950,000
13	그릇과 잡화	아메리카노잔	4,500	10	45,000
14		카푸치노잔(세트)	7,500	10	75,000
15		에스프레소잔(세트)	135,000	2	270,000
16		플레이트 접시	8,000	20	160,000
17		샌드위치볼	8,600	5	43,000
18		직사각 접시	23,000	6	138,000
19		사각볼	22,000	4	88,000
20		사각 접시	15,000	4	60,000
21		유리 사각 접시	23,000	3	69,000
22		물컵	2,000	20	40,000
23		유리 종지	1,000	20	20,000
24		유리잔	1,700	30	51,000
25		스푼	3,600	30	108,000
26		젓가락	1,500	50	75,000
27		슈거잔	1,000	5	5,000
28		드레싱볼	800	10	8,000
29		양념볼(세트)	18,000	2	36,000
30		PC박스	20,000	2	40,000
31		바 스푼		2	0
32		도마	8,000	2	16,000

No	구분	품 목	단가	수량	금액
33		유리 접시(소)	1,700	20	34,000
34		하이볼	2,600	20	52,000
35		주스컵	3,000	40	120,000
36		트레이(대)	31,400	4	125,000
37		트레이(중)	17,900	3	124,000
38		트레이(소)	12,500	10	53,700
39		일부 소장 그릇			0
					1,855,700
40	가구	바 3단 의자	85,000	4	340,000
41		의자 A	75,000	6	450,000
42		의자 B	78,000	4	312,000
43		테이블(2인)	105,000	5	525,000
					1,627,000
44	인테리어 소품				2,000,000
					2,000,000
45	인터넷 설치	설치비 무료			0
46	전화 설치	전화는 인터넷전화를 설치하면 설치비가 들지 않지만, 카드기를 사용하기 때문에 인터넷전화는 불안정하다. KT일반 전화 설치 시 설치비 60,000원			60,000
47	카드 포스	일반 카드기 : 월 임대료 11,000원/설치비 무료 포스 단말기 : 월 임대료 25,000원/설치 시 단말기에 따라 비용 다름 (밥먹는 카페는 지인의 도움으로 무료 설치)			0
					60,000
48	재료	식자재 : 원두 커피, 녹차가루, 코코아, 캐러멜 시럽, 설탕 시럽, 초코 시럽 등			300,000
49		1회용기 : ICE, HOT 용기, 빨대, 커피 막대, 컵 홀더, 티슈 등			350,000
50		포장용기 : 봉투(대), 샌드위치·플레이트 포장 용기, 쿠키 포장지 등			200,000
51		기타 소소한 물건들			657,300
					1,507,300
52	보험료	화재보험(월 30,000원)			360,000
53		생산물 배상 책임보험, 영업 배상 책임보험(1년)			106,300
		면허세			18,000
		통장 개설 : OPT카드 발급 및 주류 구매 카드 구입			7,000
		보건증 발급(1인당, 스태프 모두 발급받아야 함)			1,500
		식품 위생 교육			20,000
					373,700
합계					46,373,700

카페 영업 신고 방법과 과정

보건증
보건소에서 간단한 검사를 통해 발급 받는다.
발급 소요 시간 4~5일 정도
비용 1,500원

● 일반 음식점은 영업을 시작하면 관할 구청에서 원산지 표시 교육을 받아야 한다. 한국음식업중앙회 주관으로 2시간 정도 교육이 실시된다. 원산지는 쌀, 김치, 돼지고기, 쇠고기, 닭고기는 의무 표시하며, 원산지를 표시하지 않을 시 과태료가 부과된다.

식품위생교육
한국음식업중앙회에서 주관하며 1일 8시간 교육을 받으면 당일 수료증이 발급된다.
비용 20,000원

영업신고증 발급
식품위생교육을 통해 받은 수료증을 지참하고 구청에서 당일 발급.
비용 28,000원

● 사업자등록증이 발급되면 20일 이내로 영업을 시작해야 한다. 구청에서 담당자들이 실사를 나와 영업을 하고 있는지, 규모는 신고된 면적과 비슷한지(줄자로 면적을 재기도 한다) 등을 조사하고 간다.

사업자등록증
영업신고증과 임대차계약서 사본, 신분증, 도장, 사업자등록 신청서를 작성하여 세무서에서 발급.
기간 일주일 정도

카드 회원사 등록
사업자등록증 발급 후 카드는 바로 신청해야 한다. 신청 후 일주일에서 길게는 20일 정도 지나야 모든 카드사 결제가 가능하다.

● 임대차계약을 맺기 전에 반드시 건축물 대장에 용도를 확인해서 음식점을 할 수 있는 용도인지, 불법 건축물은 아닌지 확인해야 영업허가를 받는 데 문제가 없다. 새롭게 인테리어를 해야 하는 경우는 영업허가를 받지만, 기존 가게를 인수할 경우는 양도, 양수를 증명하는 서류 사본과 양도인 인감증명서를 첨부해야 하며 양도인이 직접 구청에 동행할 경우는 신분증과 도장만 있으면 된다.

주류 카드 발급
주류를 판매할 경우는 은행에서 주류 카드를 발급받아 그 카드로만 주류를 구입해야 한다.

● 점포가 2층 이상이거나 면적이 100㎡ 이상일 경우, 면적이 66㎡ 이상의 지하일 경우에는 소방서에서 소방시설에 대한 확인을 받아야 한다.

● 간이 과세자는 과세특례를 받을 수 있는데, 연 매출이 4,800만 원이 넘지 않아야 한다. 간이 과세는 부가세 발행이 되지 않으며, 원천징수된 부가세는 환급받지 못한다. 일반 과세자로 사업자를 내도 연 매출이 4,800만 원 미만인 경우 부가세는 모두 환급받는다.

● 세금은 소득세와 부가가치세 두 종류가 부과되는데 소득세는 영업 소득에 따라 부과되는 세금이고, 부가가치세는 모든 상품이나 서비스의 최종 소비자에게 부과되는 것으로 총 금액의 10%를 정산해서 내는 세금이다. 손님이 지불하는 금액 속에는 모두 10%의 부가가치세가 포함되어 있다. 이것을 가게에서 받아두었다가 자재를 구매하면서 지불한 부가가치세를 정산하여 그 차액을 납부하거나 돌려받는 것이다. 부가가치세 및 소득세는 연 2회 신고한다.

카페 알리기

우리 카페는 상권이 전혀 없는 주택가에 위치해 찾아오기가 참 힘들어요. 그런데 간판조차 없답니다. 커다란 간판을 세우는 것이 동네 분위기와도, 우리 카페의 콘셉트와도 어울리지 않을 듯하여 간판을 만들지 않았지만 다들 잘 찾아오시더라고요. 대부분 한 번 왔던 분들이 다시 오거나 왔다 간 분들의 소개로 찾아오세요. 특별히 홍보를 하지 않지만 손님들이 블로그나 맛집 소개 사이트에 카페 소식을 올려주어요. 그러다보니 자연스럽게 매체에 소개되기도 하고요.

밥먹는 카페를 운영하며 깨달은 최고의 홍보 방법은 '찾아온 손님을 감동시키자'예요. 새해에는 떡국을 한 그릇씩 서비스하고 아이를 데리고 온 손님에게는 아이를 위한 즉석 주먹밥도 만들어주고 새로 개발한 메뉴를 무료로 제공하여 반응도 살펴요. 손님께 음료도 제공하고 또 생일이나 특별한 기념일을 맞은 고객에게는 직접 만든 과실주도 한 잔씩 제공하고 있어요. 그리고 가장 중요한 것은 다시 찾아온 손님을 기억했다가 반갑게 인사하는 일이에요.

밥먹는 카페의 인테리어

언덕이 있는 골목길 깊숙이 자리잡은 위치에 꽤 괜찮은 외관을 가진 건물. 작은 테라스와 큰 창들. 비록 공간은 좁지만 화장실도 딸려 있고…… 그러나 인테리어 회사의 사무실을 카페로 바꿔야 하는 대공사가 기다리고 있었죠.

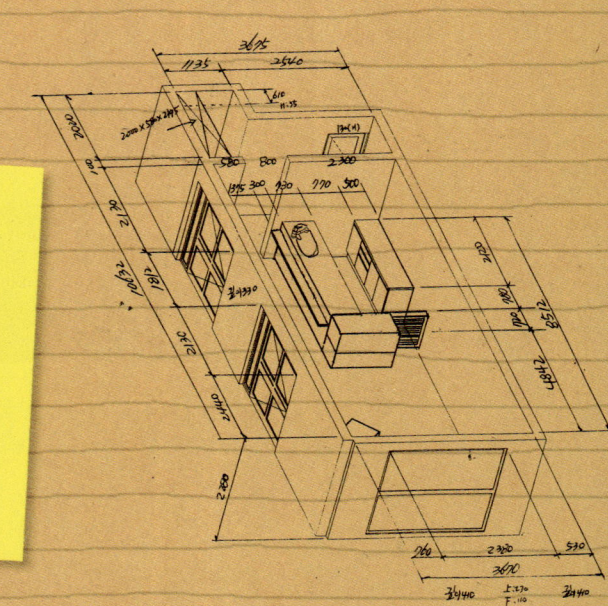

입구의 위치가 어중간 하다보니 도면이 점점 미궁으로 빠지고 말았어요. 또 내부 구성에서 제일 중요시했던 것은 오픈키친. 밥을 주 요리로 내는 밥먹는 카페이기 때문이었죠. 오픈키친의 위치가 서너 번 바뀌면서 인테리어 기간은 예상보다 배로 들었어요. 주방 위치를 바꾸니 배수시설을 새로 만들게 되고, 그러다보니 바닥공사가 추가되었지요. 또 공간을 최대한 활용하여 테이블을 조금 더 놓아보려고 했지만 오픈키친을 조금 넓게 쓰는 게 낫겠다 싶어 포기했어요.
계산대는 입구의 오픈키친 한쪽에 놓았어요. 또 주방시설은 오픈키친에서는 서서 일할 수 있는 높이로, 아래쪽에는 공간이 좁은 관계로 냉동고와 냉장고, 제빙기를 설치했고요. 오픈치킨 바깥쪽에는 손님들이 앉아서 식사할 수 있는, 바 카운터 같은 스타일의 낮은 테이블로 구성했어요.

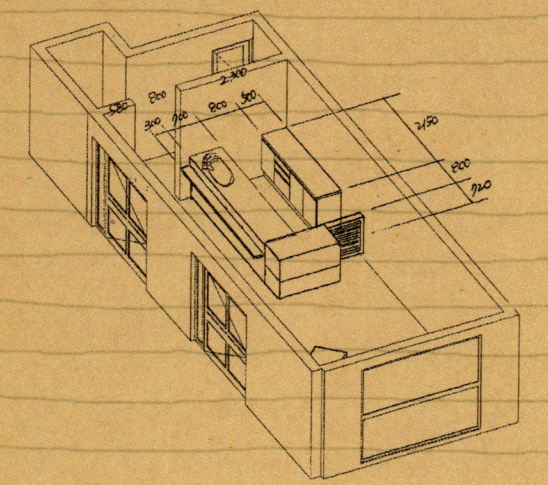

화장실 쪽의 보일러실 옆에 원래 싱크대가 설치되어 있었지만 과감히 들어내고 벽장을 짜서 창고를 만들었어요. 또 공간을 구분하기 위해 화장실 앞에는 별도로 벽을 만드는 공사도 했어요.

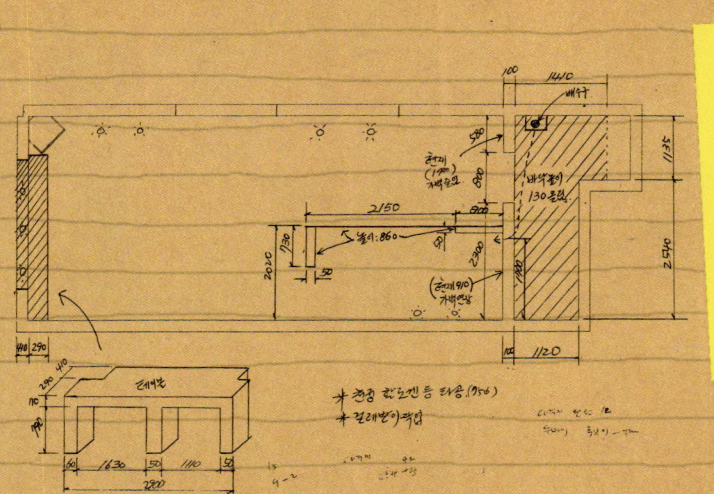

오픈키친을 포기하지 않은 대가로 주어진 배수시설의 위치 변경. 바닥으로 배수시설을 깔면서 다니기에 불편함이 없도록 바닥을 높이는 공사가 추가되었어요.
천장이 낮아 다소 답답해 보일 듯하여 벽이나 천장에는 인테리어 공사를 따로 하지 않았어요. 깔끔한 흰 벽과 흰 천장, 밝은 불빛으로 마무리했어요.

테라스 쪽 창문은 작은 화단으로 조금은 감출 수 있었지만 다른 한쪽이 문제였어요. 그래서 카페 안쪽을 바라보도록 도면을 그려봤더니 공간을 너무 많이 차지하고, 그냥 테이블을 놓으려고 하니 원래 공간이 너무 좁아 테이블 놓을 만한 자리가 나오지 않아서 혼자 와서 여유 있게 책도 보고, 차도 한잔할 수 있는 공간으로 나홀로족을 위한 창가석 자리를 완성하게 됐죠. 테이블 위에 책을 꽂고, 위쪽은 와인잔을 여러 개 걸어 장식했어요.

밥 먹는 카페

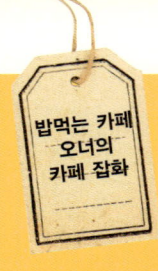

밥먹는 카페 오너의 카페 잡화

카페의 분위기는 간판이나 인테리어에서만 나오는 것은 아니에요.
차를 담아내는 찻잔, 독특한 모양의 그릇, 앤티크 느낌의 소품이나 앙증맞은 포장용기도 우리 카페만의 독특한 분위기를 연출해요.
채우는 재미가 쏠쏠한 카페 잡화를 소개할게요.

카페 가구

밥먹는 카페는 차를 마시는 곳이 아니라 플레이트를 놓아야 하므로 일반 카페보다 조금 더 넓은 테이블이 필요했어요. 2인용 기준의 테이블을 맞춤 제작하고 의자는 마석 가구단지에서 다양한 기성품을 적당히 섞어서 구매했어요.

가구단지에는 가정용 가구 외에도 카페나 업소용 가구를 전문으로 하는 매장이 있어요. 그곳에서 기성품이나 맞춤형 가구를 주문하면 돼요. 카페 근처인 홍대 앞 일대에도 다양한 디자인의 DIY 가구 전문점이 많지만, 가구단지보다 가격대가 높아요. 사이트를 통해 디자인을 알아보거나 마음에 드는 디자인들을 사진으로 찍어두었다가 원하는 디자인의 맞춤형 가구를 주문할 수 있어요.

마석 가구단지 내 라파엘가구 www.rapaelgagu.co.kr, 031-595-0477~8

전국의 유명 가구단지

서울 논현동 가구 거리, 아현동 가구 거리, 을지로 가구 거리
경기도 마석 가구단지, 일산 가구 단지, 포천 가구 거리, 의왕 가구단지, 포천 가구 단지, 헌인 가구공단
부산 좌천동 가구 거리, 구평동 가구 거리, 명륜동 가구 거리
대전 서대전 가구 거리
대구 삼덕 가구 거리, 종로 가구 거리, 칠곡 가구 거리
광주 누문동 가구 거리, 양동시장 가구 거리

키친웨어

커피머신이나 냉장고 등은 충분히 상담을 받아 카페에 맞는 제품을 구입해야 해요. 특히 카페는 영업을 하는 곳이므로 A/S가 확실한지 확인해둘 필요가 있어요. 다양한 주방 제품은 요리 관련 전문 잡지(베이킹 잡지, 커피 잡지 등) 등을 통해 여러 회사의 제품 리스트를 작성하고, 견적서를 받아 비교한 후 구입하세요.

테이블웨어

일반적인 냄비, 조리도구, 그릇 등을 구입할 수 있는 대표적인 도매시장은 남대문시장과 황학동 중앙시장이에요. 주방설비부터 냉장고, 오븐 등 주방 전체 세팅까지 상담할 수 있어요. 비슷비슷한 조리도구를 비슷한 가격에 구입할 수 있어요. 마음에 드는 친절한 매장에서 전체 제품을 구입하면 되는데, 혹시 원하는 제품이 그 매장에 없을 경우에는 다른 매장에서 구해달라고 부탁하면 가능해요. 밥먹는 카페의 단골집은 황학동 중앙시장 내 금성종합주방백화점(02-2236-6137)이에요. 또 황학동에서는 벼룩시장이 열리니 잘 둘러보면 저렴한 가격의 중고품도 구할 수도 있어요.

실용적이고 저렴한 가격의 제품을 구입할 수 있지만 부지런한 발품을 팔아야 하는 곳들도 있어요. 회원제 창고형 할인매장인 코스트코(www.costco.co.kr), 베이커리 도구와 바구니, 트레이를 판매하는 토다스(www.todas.co.kr), 강남고속터미널 지하상가가 대표적이에요. 소량의 수입품을 취급하기 때문에 빨리 품절되는 경우가 많거든요. 그렇더라도 절대 충동구매는 안 돼요. 카페에 꼭 필요한 제품을 넉넉한 수량으로 구입하는 것이 좋아요. 컵이나 접시 등은 카페 좌석수의 최소 두 배 정도는 보유하고 있어야 파손되었을 때 교체할 수 있고, 만석일 때 세척하는 동안 여유분으로 사용할 수 있어요.

아이디어가 돋보이는 아기자기한 카페 소품이나 독특한 그릇, 잔, 매트 등은 주로 온·오프라인 수입매장을 이용해요. 카페 오너의 셀렉팅 안목에 따라 우리 카페만의 스타일을 만드는 데 도움이 되므로 꼼꼼하게 고르세요. 하지만 가격이 다소 비싸고 재고량이 많지 않아 재고량을 파악한 후 구입해야 하고, 풀 세트로 구매하여 카페에서 쓰려면 실용성도 따져보아야 해요. 또 낱개로 보면 예쁘지만 여러 제품을 함께 스타일링하면 잘 어울리지 않을 수도 있으니 원칙을 세워서 구입하세요.

북유럽 스타일의 소품

라곰

www.lagom.co.kr

무민컬렉션으로 유명한 아라비아 핀란드, 스웨덴을 대표하는 그릇 브랜드인 구스타브스베리, 스웨덴의 로스트란드 등 북유럽 빈티지 그릇 쇼핑몰. 북유럽의 감성이 묻어나는 따스한 색감의 귀여운 꽃무늬 그릇들이 많아요. 라곰은 스웨덴어로 '적당히', '자기에게 알맞은 양'을 뜻한다고 하네요.

커먼키친
www.commonkitchen.co.kr

디자인과 컬러가 독특한 북유럽 빈티지 그릇을 중심으로 스푼이나 나이프, 패브릭 등의 소품과 일본풍 키친웨어도 만날 수 있어요. 특히 티포트나 컵의 종류가 다양해요.

일본 스타일의 소품

호시노앤쿠키스
www.hosino.co.kr
일본, 파리 등에서 직접 구입해온 유니크한 소품과 실용적인 아이템을 판매하는 쇼핑몰. 경기도 용인 보정동 카페 거리 맞은편에 오프라인 매장도 문을 열었어요.
031-266-8895(오프라인 매장)

쁘띠씨엘

www.petitciel.co.kr

화이트와 파스텔 컬러의 아기자기한 소품을 판매하는 쇼핑몰. 법랑 티포트나 커트러리가 눈에 띄며 삼성동에 오프라인 매장도 있어요.

그밖에

주방 액세서리나 소품은 한샘(www.homeup.co.kr), 모던하우스(www.modernhouse.co.kr), 까사미아(www.casamia.co.kr), 락앤락(www.locknlockmall.co.kr)의 온·오프라인 매장을 활용하세요. 시즌에 따라 다양한 제품을 선보이기 때문에 카페 오너의 감각을 유지하기 위해서는 구매를 하지 않아도 매장 인테리어나 소품 등을 참고할 목적의 윈도 쇼핑을 적극 권해요. 또 회원 가입을 하면 할인행사 등을 할 때 문자로 정보를 받을 수 있으니 필요한 제품을 확인해두었다가 할인행사 때 구입하면 좋아요.

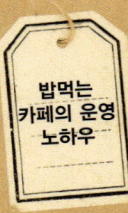

밥먹는 카페의 운영 노하우

1. 카페를 열자마자 돈을 벌겠다는 생각은 버리세요

카페는 문을 열자마자 바로 자리가 잡혀 원하는 만큼 수익이 나는 건 아닌 것 같아요. 카페가 정상화되기까지 최소 1년은 시간이 걸리는 것 같아요. 그러나 정상화가 된다고 고수익이 보장되는 것도 절대 아니에요. 카페 스태프 관리, 원가 관리, 행정적인 처리, 카페 콘셉트 확립 등으로 항목을 나누어 주도면밀하게 준비해서 시작했더라도 직접 운영하며 발생하는 시행착오는 예측이 불가능하답니다. 특히 저처럼 카페나 다른 영업장을 전혀 운영해본 경험이 없는 분들은 중압감이 더 클 거예요. 그러다보니 그 시간을 견뎌내지 못하고 카페 운영을 중간에 포기하는 분도 많은 것 같아요. 그러니 오픈에 필요한 예산 외에 카페가 정상화될 때까지 여유자금을 꼭 확보해두고 카페를 시작해야 해요. 경제적인 문제에 부딪히면 모든 것이 힘들어지거든요.

2. 부지런한 주인이 되세요

소규모의 카페일수록 주인이 모든 일을 처리할 수 있는 능력이 있어야 하고 다른 어느 스태프보다 부지런해야 해요. 문 열기부터 시장 보기, 청소하기, 손님 응대하기 등 주인은 다른 스태프들이 하기 싫어하는 일도 즐겁게 할 수 있어야 카페를 원활하게 운영할 수 있어요. 주인은 칼퇴근하고 매일 늦게 출근하며 우아한 일만 하겠다고 생각하면 그때부터 카페 운영은 힘들어져요.

3. 카페 오너는 바다와 같은 마음과 사교성을 지녀야 해요

많은 분의 상상 속에 존재하는 카페 오너는 커피 향에 둘러싸인 우아한 모습일지 모르지만, 직접 운영해보면 절실히 깨닫게 돼요. 일명 '진상 손님'이 카페 문을 열고 들어오는 순간, 당장 카페 문을 닫아버리고 싶을 때도 있어요. 그러나 진상 손님마저 감동시키는 바다와 같은 넓은 마음 씀씀이와 모든 사람들과 잘 지낼 수 있는 사교성도 필수 덕목이랍니다. 좋은 손님들과 친구나 가족처럼 허물없이 좋은 관계가 되면 카페에 어려움이 있을 때 도움을 받을 수 있어요.

4. 카페 다이어리를 쓰세요

카페 메뉴와 업무는 매일 기록으로 남겨 매뉴얼화하여 스태프가 바뀌어도 카페 운영에 지장이 없도록 하고 스태프들이 서로 공유할 수 있는 작은 노트를 만들어 특이사항 등을 기록하는 게 중요해요. '밥먹는 카페'에서는 예약사항, 필요한 비품, 방문한 손님들 이야기, 서로의 안부 등 소소한 이야기를 적어놓는 카페 다이어리를 매일 하루도 빠짐없이 쓰고 있어요.

5. 식재료의 유통기한을 철저히 관리하세요

음식을 파는 '밥먹는 카페'에서는 식재료의 유통기한 등을 철저히 체크하고 있어요. 다양한 식재료를 사용하기 때문에 자칫하면 사용하지 않는 재료들이 유통기한을 넘길 수 있거든요. 그래서 일주일에 한 번, 카페가 쉬는 월요일에는 항상 냉장고와 창고 등의 재고 관리를 철저히 해요. 또 재고 관리는 카페의 원가를 절감하는 지름길이기도 해요.

6. 매출에 대한 꾸준한 검토와 분석을 하세요

영업이 잘되거나 잘되지 않거나에 관계없이 매출을 꾸준히 체크하여 월말에는 재료비, 인건비, 기타 운영비 등을 총결산하여 카페 운영을 지속적으로 검토하여 카페 자금 현황을 확인해야 해요.

7. 영업시간은 고객과의 약속이니 꼭 지키세요

연말이나 긴 연휴에 쉬고 싶은 마음은 누구나 똑같을 거예요. 그러나 사전 공지도 없이 아무 때나 문을 닫는 일은 없어야 합니다.

8. 카페 스태프에게 일하는 즐거움을 주세요

고객보다 더 중요한 사람은 함께 일하는 스태프일 거예요. 스태프들이 스스로 즐겁게 일하는 것이 카페 성공의 지름길일 테니까요. 스태프들이 스스로 우리 카페라는 생각을 가질 때 주인이 없어도 카페가 원활하게 운영됩니다. 항상 스태프를 가족이라 생각하고 서로 배려하며 비전이 있는 카페를 만드세요.

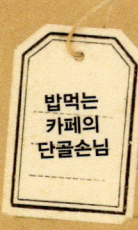

밥먹는 카페의 단골손님

카페 오너로 살다보니 그 전에는 생각지도 못했던 즐거운 일상이 시작됐어요. 바로 단골손님 또는 가끔 찾아와도 반가운 손님들과 정을 나누는 일이지요. 카페의 분위기를 만드는 것은 순전히 손님들의 몫이라고 생각해요. 밥먹는 카페를 찾는 단골손님을 소개할게요.

사모님 가족

카페 근처에 살고 있는 가족으로 동네에서 오가며 인사도 전하는 이웃사촌이자 일주일에 한 번씩, 또 손님이 오셨을 때에도 밥먹는 카페를 이용하는 VVIP예요. 대학생 쌍둥이와 부부인데 희한하게 이 가족 중 어머니가 오는 날이면 카페에 늘 손님이 많아요. 카페 스태프들은 어머니를 '사모님'이라고 불러요. 손님이 많을 때에는 불편한 자리도 마다하지 않으시고 또 자리도 빨리 비켜주시는 센스도 있으셔서 카페 오너와 스태프들은 사모님 가족을 늘 기다려요.

"착한가격에, 음식을 남기는 죄책감도 느낄 필요가 없습니다. 균형 잡힌 반찬과 국이 마음에 드는건 말할 것도 없어요. 강추! 입니다." — 김이택, 사장님

"둥그란 접시에 담긴 풍성한 마음을, 누구와 나누어도 안심되고 뿌듯한 그런 밥상을 주셔서 항상 감사하게 생각하고 있습니다." — 이연재, 사모님

상상마당 그녀들

일주일에 한 번씩 출근도장을 찍는 단골손님이에요. 북디자이너와 대학 강사인 친구 사이로 짧은 점심시간에 카페까지 걸어오기 힘든 곳에 있어 차가 있는 친구와 시간을 맞춰 오는 밥먹는 카페의 핵심 단골손님들입니다. 건강한 밥집이 없는 홍대 앞에서 오래오래 전설이 되어달라고 하시니 오늘도 '상상마당 그녀들'을 위해 신나게 밥과 반찬을 만듭니다. 카페가 험한 언덕길에 멀리 있어 죄송할 뿐입니다.

👧 "자극적이지 않고 맛있다. 그래서 소화가 잘된다. 재료가 신선한 것 같다. 음식이 예쁘다. 요리를 즐겁게 하시는 것 같아 덩달아 기분이 좋아진다."   정계수, 북디자이너

👧 "맛있고 깔끔하다. 다양한 방법으로 조리된 것을 한 끼에 골고루 먹을 수 있다. 메뉴를 모르고 가도 맛없던 적이 없었으며 메뉴가 기대되기도 한다. 양이 적당하고 음식이 부담되지 않는다. 건강에 좋을 것 같다. 아늑하고 친절하다."   김현정, 대학 강사

경상도 총각과 그 친구들

안 오면 기다려지는 손님들이 있으니 밥먹는 카페는 행복합니다. 추측하건대 경상도 총각임이 확실한 그는 바쁩니다. 늦은 저녁에 와서 음식이 떨어져 밥 한술 못 뜨고 발길을 돌리기도 하고요. 와서 밥만 먹고 금방 가기도 해서 수다를 떨어볼 기회는 없었지만, 일주일에 두 번 이상 오지 않으면 기다려지는 손님이에요. 주변 지인들과도 자주 오면서 입소문을 내주는 밥먹는 카페의 조용한 홍보대사입니다.

👦 "일단 깔끔한 반찬, 먹고 나면 기분 좋아지는 음식, 항상 새로운 시도의 반찬들, 조용한 분위기, 유리 그릇의 사용, 유기농 느낌, 건강해지는 밥상의 느낌."   전우열, 영상 디자이너

화요일 오픈조 쌈지 멤버들

일요일, 월요일을 쉬고 화요일에 새로운 음식으로 문을 여는 밥먹는 카페에 가장 먼저 찾아오는 멤버들이에요. 카페 가까운 곳에 직장을 다니는 직장 동료들로, 카페에 들어서면서 "밥 많이 주세요"라고 외칩니다. 그녀들에게 메뉴판도, 메뉴 설명도 필요 없어요. 고슬고슬하게 지은 밥을 넉넉히 담아 화요일 오픈조와 함께 밥먹는 카페도 시작합니다.

👧 "회사 근처의 밥먹는 카페를 알고 난 후 매주 화요일이 기다려져요! 언덕을 조금 올라가야 하지만, 에너지 소모 후 오히려 더 맛있게 먹을 수 있는 거 같아요. 평소 요리하는 걸 좋아하고 관심이 많은데, 밥먹는 카페 음식들은 저의 호기심을 자극해요!"

홍은혜, (주)어린농부 딸기 디자인기획실

"하루 두끼, 6년째 밖에서 사먹는 밥의 조미료 맛에 점심시간이 질려갈 즈음 일주일에 한 번씩 새로운 식단을 만날 수 있는 '밥먹는 카페'를 깊은 골목에서 발견했다. 따듯한 온기를 느낄 수 있는 깔끔하고 정갈한 밥과 반찬들이 잊었던 엄마밥을 생각나게 한다. 매주 새로운 메뉴가 처음 나오는 화요일이 즐겁다."
안경이, 그래픽 디자이너

"오늘은 어떤 음식이 날 반겨줄까 설렙니다. 거기다 부끄럽지만 편식을 하는 저에게 소꿉장난 같은 아기자기한 세팅으로 골고루 먹게 해주시지요. 먹고 나면 저녁시간까지 기분 좋은 포만감으로 하루 일과를 마무리하게 해주는 적당한 양까지! 지인이 근처에 찾아오면 제일 먼저 소개시켜주고 싶은 나만의 아지트 같은 소중한 공간입니다."
곽은주, 상품 디자이너

씩씩하고 즐거운 아가씨

카페 근처에 영화 아카데미에 근무하는 그녀는 행사 때마다 샌드위치, 쿠키 등을 주문합니다. 윗분들을 직접 모시고 와서 우리 카페 샌드위치며 쿠키를 맛보시라고 추천하기까지 합니다. 행사 진행 후에는 오히려 밥먹는 카페의 샌드위치, 쿠키 때문에 행사 진행이 잘되었다고 인사를 하니 감사할 따름이에요. 높은 언덕을 올라오면서도 늘 즐겁고 씩씩해서 카페 스태프들을 즐겁게 하고요. '씩씩하고 즐거운 아가씨'는 양팔 벌려 환영하는 단골손님이자 우리를 즐겁게 해주는 에너지원입니다.

"일단 기분이 좋아요. 나를 위해 차려진 플레이트. 보기도 좋고, 맛도 좋고, 몸에도 좋고! 한 접시 뚝딱 먹고 나면 기분이 상쾌해요. (그래서일까? 밥을 남긴 기억이 없다크크) 뭐 첫째로는 음식이 맛있으니까. 시나리오 심사 등으로 외부 심사위원분들을 모시게 되는 경우가 있는데 그럴 때 주변에 마땅한 먹을거리가 없었어요. 심사중에 드시는 거라 간단하고도, 요기가 될 만한 거여야 했는데 딱! 밥먹는 카페의 신선한 샌드위치가 심사위원분들의 입맛을 사로잡았죠. 게다가 가끔 있는 행사 때에는 쿠키가 요긴했고요. 이번 <파수꾼>, <짐승의 끝> 개봉 기자시사에서 열렬한 반응을 얻었던 밥먹는 카페의 샌드위치와 오트밀 쿠키♡덕분에 행사는 훈훈하게 마무리되었습니다." 김윤주, 영화진흥위원회 근무 카페를 운영하면서 놓치지 말아야 할 것 중 하나는 카페 트렌드를 읽을 수 있는 혜안인데요. 요즘 잘 나가는 핫카페나 새로 생긴 카페의 디자인도 끊임없이 탐구하세요. 그러다보면 자연스럽게 디자인 안목도 길러지는데, 밥먹는 카페 오너의 마음을 사로잡은 톡톡 튀는 디자인 스튜디오를 소개할게요.

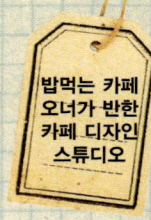
밥먹는 카페 오너가 반한 카페 디자인 스튜디오

책 만드는 디자인 스튜디오, 랄랄라디자인

밥먹는 카페 메뉴판의 디자인과 손으로 그린 약도를 의뢰하면서 알게 된 디자인 스튜디오예요. 아기자기하면서도 세련된 디자인이 마음에 쏙 들더라고요. 카페 로고나 일러스트로 그린 카페 캐릭터도 의뢰할 수 있어요. 또 랄랄라디자인에서 만들고 운영하는 핸드메이드 기프트 숍인 쿠키야도 주목하세요. 책 만드는 일과는 또다른 재미있는 작업들을 해보기 위한 랄랄라디자인의 두번째 평생(?) 프로젝트라고 하는데요. 유기농 밀가루, 유기농 설탕, 100% 우유 버터, 무항생제 방사 유정란, 천연파우더 등 최고급 재료로 하나하나 직접 굽는 홈메이드 수제 쿠키와 선물하기 좋은 핸드메이드 소품도 직접 제작하고 있어요.

Web www.ralralradesign.com, www.cookieya.com
Address 서울시 마포구 서교동 375-15 장안빌딩 3층
Tel 070.8885.6606

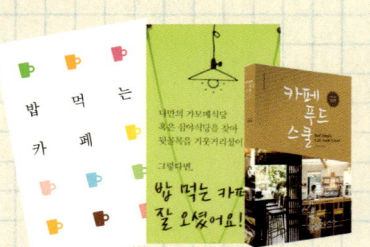

디자인 스튜디오, 아레아레아

밥먹는 카페와는 아주 인연이 깊은 디자인 스튜디오예요. 카페를 오픈하기 전에 발행한 카페 트레이닝 북 〈카페 푸드 스쿨〉의 북디자이너가 운영하는 곳이거든요. 밝고 경쾌하면서도 포근한 느낌을 주는 밥먹는 카페의 사인보드와 명함은 모두 아레아레아(Arearea)의 손길을 거쳤답니다. **E-mail** shalom0710@gmail.com

Special Recipes
카페 오너를 위한 밥먹는 카페 손님용 레시피

소개된 레시피 분량은 10인분을 기본으로 합니다

Chapter 1
원 플레이트

SPRING

March
봄나들이 초밥

봄꽃 초밥

주재료(10인분)
쌀 5컵
다시마(10×10cm) 3장
칵테일새우 5컵
달걀 3개
소금 약간
무순 1팩
날치알(두 가지 색) 1/2컵
소금 약간
식용유 적당량

단촛물 재료(50인분)
양조식초 1.8ℓ
설탕 2kg
꽃소금 430g
다시마 (10×10cm) 1장
레몬즙 1/4개

부추 달걀국

주재료(10인분)
부추 1/2단
물 3.5ℓ
다시마(10×10cm) 3장
달걀 8개

양념 재료
국간장(또는 참치액 소스) 4
다진 마늘 3
소금·후춧가루 약간씩

봄나물 겉절이

주재료(10인분)
봄동 4포기
달래 1단
깻잎 10장
참기름·통깨 약간씩

양념장 재료
참치액 소스 1/2컵
식초 6
설탕 4
맛술 4
고춧가루 3

멸치 고추장 조림

주재료(10인분)
잔멸치 400g
참기름 2
아몬드 1/4컵

양념장 재료
고추장 3
간장 3
맛술 5
물엿 5
물 1/4컵

돼지고기 안심 샐러드

주재료(10인분)
돼지고기(안심) 1.2Kg
양파 1개
양배추 1/4통

돼지고기 밑간 재료
청주 3
소금·후춧가루 약간씩

참깨 드레싱 재료
통깨 4
땅콩버터 4
식초 1/3컵
설탕 1/3컵
물 1/2컵
연겨자 2
간장 2
소금 1.5

냉이 호박전

재료(10인분)
냉이 500g
애호박 2개
소금 약간
밀가루 1컵
소금 약간
식용유 적당량

April
봄나물과 봄 생선의 협주곡

쑥밥과 달래 양념장

주재료(10인분)
쌀 5컵
쑥 2줌(120g)
굵은소금 약간
물 5컵

양념장 재료
간장 1/3컵
달래 1단
고춧가루 2
맛술 3
참기름 4

깨소금 3

주꾸미탕

재료(10인분)
주꾸미 15마리
굵은소금 약간
무 1/3개
홍고추·풋고추 2개씩
대파 1대
국간장(또는 참치액 소스) 3
소금·후춧가루 약간씩
참기름 약간

조개 미나리 무침

재료(10인분)
조갯살 3컵
미나리 1단
양파 2개
통깨 3
소금 약간

양념장 재료
고추장 1/3컵
고춧가루 2
다진 파 3
다진 마늘 1.5
식초 1/3컵
설탕 1/4컵
소금 약간

콩 조림

주재료(8인분)
검은콩 1컵
물 2컵

양념 재료
간장 4
물엿 2
설탕 1
참기름 약간

두부 불고기 샐러드

주재료(10인분)
두부(부침용, 큰 것) 2모
굵은소금 약간

식용유 적당량
샐러드용 채소 3줌(150g)
달래 1
쇠고기(불고기용) 300g
소금 약간

불고기 양념 재료
간장 3
맛술 3
설탕 1
다진 파 2
다진 마늘 1
후춧가루 약간

씨겨자 드레싱 재료
씨겨자 2
올리브오일 4
식초 4
설탕 2
간장 2
소금 약간

칠리 소스와 참치 꼬치구이

주재료(10인분)
참치 통조림(네모난 참치) 3통
마늘 30쪽
식용유 적당량
소금 약간

칠리 소스 재료
케첩 1/3컵
고추장 4
맛술 4
물 1/4컵
다진 양파 1/2개
다진 파슬리 약간

May
봄날 오후의 비타민 밥상

완두콩밥

재료(10인분)
쌀 5컵
완두콩 1컵
물 5컵

된장 소스

주재료(10인분)
밥 10공기
양송이버섯 10개
표고버섯 8개
호박 1개
양파 1개
풋고추 4개
새우살 2컵
굵은소금 약간
물 3컵

된장 소스 재료
된장 2/3컵
고춧가루 2
다진 마늘 3
깨소금 약간

녹말물 재료
녹말가루 1/4컵
물 1/4컵

조개 된장국

재료(10인분)
바지락 3봉지(300g)
굵은소금 약간
냉이 250g
물 3.5ℓ
된장 3
다진 파 2
다진 마늘 0.5
소금 약간

오이 북어포 무침

주재료(10인분)
북어포 3줌
오이 2개
양파 1개
깻잎 1묶음
참기름·깨소금 약간씩

고추장 양념 재료
고추장 1/3컵
고춧가루 2
식초 1/4컵
설탕 1/4컵

물엿 4
맛술 2
다진 파 4
다진 마늘 2

냉이 오믈렛

주재료(10인분)
달걀 12개
냉이 2줌
식용유 적당량

달걀 양념 재료
맛술 3
소금 1.5
통깨 1.5

한입 돈가스

주재료(10인분)
돼지고기(안심) 800g
소금·후춧가루 약간씩
달걀 4개
밀가루 1컵
빵가루 5컵
식용유 적당량

타르타르 소스 재료
마요네즈 1컵
레몬즙 1/4컵
다진 양파 1/4개
다진 피클 3

SUMMER

June
여름이 보내온 선물

닭고기 찹쌀밥

주재료(10인분)
찹쌀 4컵
닭 다리 4개
소금·후춧가루 약간씩
녹말가루 1/4컵
마른 표고버섯 8개

연근 1/2개
당근 1/3개
마른 톳 4(10g)
다시마(7×5cm) 3장

양념 재료
간장 1/4컵
설탕 3
맛술 1/3컵
소금 1
물 4컵

미역 냉국

주재료(10인분)
오이 2개
마른미역 1컵

미역 양념 재료
다진 마늘 1.5
국간장(또는 참치액 소스) 2
고춧가루 1.5
깨소금·참기름 약간씩

국물 재료
물 8컵
국간장 3
설탕 4
식초 1/3컵
소금 1.5

채소 초고추장 무침

주재료(10인분)
돌미나리 3줌(250g)
오이 1개
소금 약간
홍고추 1개

초고추장 재료
고추장 1/2컵
식초 1/4컵
고춧가루 2
설탕 4
다진 파 4
다진 마늘 2
깨소금 약간

가지 튀김

주재료(10인분)
가지 2개
배추김치 150g
새우살 2줌(200g)
튀김가루 적당량
식용유 적당량

새우살 양념 재료
간장·다진 마늘·후춧가루 약간씩
녹말가루 약간

양파 간장 피클

주재료(8인분)
양파 4개
홍고추 1개
풋고추 1개
다시마(5×5cm) 1장

간장물 재료
간장 1컵
물 1/2컵
식초 1/4컵
설탕 4

장떡

재료(10인분)
풋고추 10개
깻잎 30장
부침가루 2컵
물 2컵+1/2컵
고추장 4
소금 약간
식용유 적당량

July
신선놀음을 위한 한 상

흑미밥

재료(10인분)
쌀 5컵
흑미 3
물 5컵

닭고기 커리 소스

재료(10인분)
닭고기(안심) 15조각
소금·후춧가루 약간씩
양배추 8장
양파 1개
당근 개
피망 1개
식용유(또는 버터) 적당량
다진 마늘 3
물 8컵
카레가루 2/3컵
소금·후춧가루 약간씩

오이지 무침

재료(10인분)
오이지 5개
고춧가루 1.5
설탕 약간
참기름 3
통깨 1.5

매운 숙주 볶음

재료(10인분)
숙주 5줌(400g)
마늘 4쪽
고추기름 적당량
굴소스 3
잔멸치(또는 멸치가루) 1/4컵
후춧가루 약간
통깨 약간
검은깨 약간

녹차 물김치

주재료(20인분)
배추속대 150g
무(2cm 길이) 1토막(150g)
미나리 1/2줌(25g)
실파 5뿌리(25g)
홍고추 1개
오이 1개
사과 1개
배 1/4개(100g)
양파 1개(100g)

생강 1/4톨(8g)
마늘 4쪽(20g)
풋고추 10개(250g)
설탕 0.3
볶은 소금 5~6
녹차가루 1

녹차 우린 물 재료
녹차 2(15g)
물 15컵

찹쌀풀 재료
물 1컵
찹쌀가루 2

깐풍두부

주재료(10인분)
두부(부침용, 큰 것) 2모
소금 약간
녹말가루 1컵
식용유 적당량
양파 1개
피망 1개
빨강 피망 1개
표고버섯 3개
팽이버섯 2봉지
마늘 4쪽
대파 1대
마른 고추 3개
물 1+1/4컵

양념 재료
고추기름 1/4컵
간장 2
설탕·식초 2씩
소금·후춧가루 약간씩
참기름 0.5

August
소박한 한 끼가 주는 파워

보리밥

재료(10인분)
쌀 4컵

보리 1/2컵
물 4+1/2컵

쌈과 쌈장

주재료(10인분)
굵은 멸치 20마리
양파 1개
풋고추 8
쌈채소(깻잎, 양배추, 다시마, 쌈배추 등) 8줌
식용유 약간
밥 10공기
녹말물 4

쌈장 재료
된장 1/2컵
고춧가루 2
다진 마늘 2
물 3컵

닭개장

주재료(8인분)
닭 1마리
물 10컵
양파 1개
마늘 3쪽
생강 1톨
통후추 5알
대파 3대
불린 고사리 1줌(100g)
느타리버섯 1팩

양념 재료
고춧가루 4
굴소스 1
다진 마늘 2
다진 생강 0.3
참기름 0.5
소금·후춧가루 약간씩

매운 감자 조림

재료(10인분)
감자 6개
꽈리고추 20개(100g)
식용유 적당량

간장 4
굴소스(매운맛) 3
다진 마늘 2
고추기름 4

가지 조림

주재료(10인분)
가지 5개
녹말가루 1/2컵
풋고추 2개
홍고추 1개
식용유 1/2컵

조림장 재료
물 1컵
간장 4
굴소스 2
맛술 3
설탕 1

참나물전

재료(10인분)
참나물 4줌
홍고추 3개
부침가루 3컵
물 4컵
식용유 적당량

A U T U M N

September
가을운동회를 기억하며

현미밥

재료(10인분)
쌀 4컵
찹쌀현미 1/2컵
물 4+1/2컵

북엇국

주재료(10인분)
황태포 4줌

무(2cm 길이) 3토막
달걀 3개
대파 1대
물 3.5ℓ
국간장 2
소금·후춧가루 약간씩

북어 양념 재료
다진 파 2
다진 마늘 1.5
참기름 2
소금·후춧가루 약간씩

버섯 불고기

주재료(10인분)
새송이버섯 4개
식용유 약간
쇠고기(불고기용) 800g

쇠고기 양념 재료
간장 1/2컵
설탕 2
물엿 3
맛술 4
다진 파 4
다진 마늘 2
참기름 3
깨소금 1.5

생땅콩 조림

주재료(8인분)
생땅콩 1컵
물 1컵
식용유 약간

양념장 재료
간장 2
물엿 2
설탕 0.5
참기름 1
검은깨 0.3

오이 미역 초무침

주재료(10인분)
마른 미역 1컵(20g)
오이 2개

레몬 1개
래디시 4개

양념 재료
간장 4
설탕 1/3컵
식초 1/3컵
소금 1.5
다진 마늘 2

유부 채소 볶음

재료(10인분)
유부 20장
양파 1개
숙주 4줌
풋고추 2개
식용유 5
다진 마늘 1.5
굴소스 4
통깨 약간

October
오물오물, 가을을 씹는다

치자밥

재료(10인분)
쌀 5컵
치자 2개
물 5+1/2컵

김치 소스

재료(10인분)
배추김치 1/4포기
양파 1개
실파 6뿌리
참치 통조림(네모난 참치) 2통
참기름 3
물 3컵
고춧가루 1.5
굴소스 2
간장 1.5
설탕 1
녹말물 6
깨소금 약간

감잣국

재료(10인분)
감자 8개
풋고추 3개
참기름 3
물 3.5ℓ
다시마(10cm×10cm) 3장
참치액 소스 2
소금 약간
후춧가루 약간

연근 튀김

주재료(10인분)
연근 3개
소금 약간
돼지고기(다진 것) 300g
양파 1/4개
당근 1/6개
튀김가루 2컵
물 2컵
튀김 기름 적당량

돼지고기 양념 재료
간장 1
다진 파 2
다진 마늘 1
참기름 1.5
깨소금·후춧가루 약간씩

참치 올리브 샐러드

주재료(10인분)
참치 통조림 4통
소금 약간
파스타 150g
오이 1개
양파 1개
올리브 5개

드레싱 재료
마요네즈 2/3컵
양겨자 2
레몬즙 1
소금 약간
후춧가루 약간

두부 장아찌

주재료(10인분)
두부(큰 것) 2모
소금 약간
식용유 1/4컵

양념장 재료
물 2컵
다시마(5×5cm) 2장
간장 5
청주 5
맛술 1/3컵
황설탕 4
마른 고추 2개

November
울긋불긋 단풍을 닮은
먹을거리

무밥과 양념장

주재료(10인분)
쌀 4컵
무(4cm 길이) 1토막(300g)
소금 약간

양념장 재료
간장 2/3컵
송송 썬 실파 1/2컵
참기름 4
깨소금 3

시래기 된장국

재료(10인분)
무청 시래기 1Kg
청양고추 3개
대파 1대
된장 2/3컵
다진 마늘 3
물 4ℓ
다시마(10×10cm) 3장
소금 약간

고구마 겨자채 무침

주재료(10인분)
고구마 3개
닭 가슴살 통조림 2통
피망 1개
검은깨 약간

겨자 소스 재료
연겨자 3
식초 6
설탕 4
연유 4
물 3
소금 1.5

중국식 해산물 볶음

주재료(10인분)
오징어 2마리
새우 2컵(120g)
새송이버섯 3개
브로콜리 1송이+1/2송이
양파 1개
홍고추 2개
대파 1/2대
마늘 5쪽
식용유 5
물 1컵
녹말물 약간

양념장 재료
두반장 2
굴소스 3
맛술 2
참기름 3
후춧가루 약간

잔멸치 아몬드 조림

주재료(10인분)
잔멸치 4줌(150g)
마늘 5쪽
식용유 약간
아몬드 4

양념장 재료
간장 4
맛술 4
설탕 2
참기름 약간

중국식 오이김치

주재료(10인분)
오이 3개
마늘 5쪽
소금 1
참기름 2

양념 재료
두반장 3
식초 3
설탕 3
통후추 7~8개
물 1컵

WINTER

December
첫눈에 반하다

뿌리채소밥과 양념장

주재료(10인분)
쌀 5컵
우엉 1대
당근 1/3개
소금 약간
물 5컵

양념장 재료
간장 2/3컵
고춧가루 2
맛술 4
참기름 4
깨소금 2
송송 썬 부추 1/2컵

오색 떡국

주재료(10인분)
오색 떡국 5컵
쇠고기(다진 것) 200g
대파 1/2대
달걀 3개
소금 약간
김 1장

육수 2.5ℓ
소금·후춧가루 약간씩

쇠고기 양념 재료
간장 2
설탕 0.5
다진 파 2
다진 마늘 1
참기름·후춧가루 약간씩

유자향 두부 조림

주재료(10인분)
두부(큰 것) 2모
식용유 약간
실파 3줌
소금 약간

양념장 재료
간장 1/2컵
유자청 2
물 1컵
마른 고추 2개

김치전

재료(10인분)
배추김치 1/4포기(500g)
부침가루 2컵
물 2컵
김치 국물 1/2컵
식용유 약간

단호박 고구마 샐러드

재료(10인분)
단호박 1통
고구마 3개
물 2컵
소금 약간
우유 1컵
건포도 1/2컵
설탕 2

김 장아찌

주재료(10인분)
김 40장
생강채 3

실고추 3
통깨 3

양념장 재료
물 1/2컵
다시마(10×10cm) 3장
간장 2/3컵
물엿 1/4컵
고추장 3
맛술 1/4컵

January
겨울방학, 그때 간식처럼

카레밥
재료(10인분)
쌀 5컵
카레가루 2

오징어덮밥 소스
주재료(10인분)
오징어 4마리
양파 1개
당근 1/3개
양배추 5장
홍고추 2개
풋고추 2개
대파 1대
고추기름 약간
물 1+1/2컵
녹말물 1/4컵

양념장 재료
고추장 2/3컵
굴소스 3
고춧가루 4
설탕 4
물엿 4
다진 마늘 4
다진 생강 0.3
참기름·깨소금 약간씩

취나물 된장국
주재료(10인분)

취나물(마른 것) 80g
청양고추 3개
물 4.5ℓ

취나물 양념 재료
멸치가루 1/4컵
된장 2/3컵
다진 파 1/4컵
다진 마늘 2

도토리묵 김치 무침
주재료(10인분)
도토리묵 2모
오이 1개
양파 1/2개
배추김치 2컵(200g)
깻잎 20장
홍고추 2개
풋고추 24개
김가루 4
통깨 약간

양념장 재료
간장 2/3컵
고춧가루 1/3컵
물엿 4
설탕 2
식초 4
다진 마늘 2
참기름 4

파래 무 생채
주재료(10인분)
무(3cm 길이) 2토막(400g)
소금 1.5
파래 3덩이

양념 재료
식초 2/3컵
설탕 1/3컵
다진 파 4
다진 마늘 2
통깨 약간

김치 춘권 튀김
재료(10인분)

돼지고기 300g
소금·후춧가루 약간씩
배추김치 2컵(200g)
양파 1개
피망 1개
튀김 기름 적당량
소금 약간
춘권 30장

February
겨울 맛 물오르다

은행밥
재료(10인분)
쌀 5컵
은행 1/2컵
물 5컵

콩나물국
재료(10인분)
콩나물 600g
대파 1/2대
홍고추 1개
풋고추 1개
물 3ℓ
참치액 소스 3
다진 마늘 2
소금 약간

사과 달래 무침
주재료(10인분)
사과 2개
달래 2줌(200g)
참기름 약간
검은깨 약간

양념장 재료
액젓 4
고춧가루 1.5
식초 4
설탕 2

늙은호박전
재료(10인분)
늙은호박 1/3개
소금 약간
밀가루 2컵
식용유 적당량

매운 닭 구이
주재료(10인분)
닭 다리살 1.6Kg
대파 1대

양념장 재료
고추장 2/3컵
간장 3
고춧가루 3
캡사이신(또는 청양고춧가루) 약간
설탕 4
물엿 4
다진 마늘 1/4컵
다진 생강 0.5
참기름·깨소금 약간씩

마파두부
주재료(10인분)
두부(큰 것) 2모
대파 1대
풋고추 2개
돼지고기(다진 것) 200g
다진 마늘 2
다진 생강 0.3
녹말물 1/4컵

소스 재료
고추기름 3
두반장 4
굴소스 2
설탕 1
물 2컵
소금·후춧가루 약간씩

Chapter 2
원 런치 박스

소풍 가기 전날 밤

두부 김밥

주재료(10인분)
밥 8공기
두부 2모
당근 1개
오이 2개
단무지 10개
김(김밥용) 10장
소금 약간
식용유 적당량

밥 양념 재료
소금·참기름·깨소금 약간씩

두부 조림장 재료
간장 1/4컵
물엿 3
물 1/2컵
설탕 1

메추리알 꽈리고추 조림

주재료(10인분)
메추리알 50개
소금 약간
꽈리고추 30개

조림장 재료
물 2컵
다시마(5×5cm) 3장
간장 1/3컵
물엿 4
설탕 2
참기름 약간

컵과일과 요구르트

재료(10인분)
파인애플·딸기·키위 적당량
플레인 요구르트 4통
아몬드 3~4

오리엔탈풍 도시락
숙주 볶음밥+감자칩과 닭안심
튀김+팥을 올린 두부 경단

숙주 볶음밥

재료(10인분)
밥 8공기
숙주 2줌(200g)
새우살 2컵
피망 1개
양파 1개
대파 1대
고추기름 약간
우스터 소스 4
굴소스(매운맛) 4
소금·후춧가루 약간씩

감자칩과 닭안심 튀김

재료(10인분)
감자 3개
닭고기(안심) 30조각
카레가루 3
튀김가루 2컵
물 2컵
식용유 적당량
소금 약간
스위트 칠리 소스 약간

팥을 올린 두부 경단

재료(10인분)
두부 2/3모
찹쌀가루 4컵
유자차(또는 유자청) 1.5
소금 약간
삶은 팥(팥빙수용) 2/3컵

화합의 점심 만찬

등갈비찜 덮밥

주재료(10인분)
밥 10공기
돼지 등갈비(큰대) 5대

마른 표고버섯 6개
물 3ℓ
양파 1개
사과 1개
대파 1대
마늘 8쪽
생강 1쪽

갈비 양념 재료
간장 2/3컵
설탕 4
물엿 3
맛술 1/3컵
후춧가루·참기름 약간씩

비트 연근 피클

주재료(8인분)
연근 2개
비트 약간

초절임 양념 재료
물 1컵
식초 3/4컵
설탕 1컵
소금 2
피클링 스파이스 1

고구마 맛탕

재료(8인분)
고구마 2개
식용유 적당량
설탕 1/4컵
물 2
물엿 2
검은깨 약간

어린이 입맛을 가진 어른에게

밥을 넣은 달걀말이

재료(10인분)
달걀 10개
소금 약간
잔멸치 5

당근 1/4개
실파 10뿌리
흑미밥 3공기
간장 3
소금·후춧가루 약간씩
식용유 약간

우엉 쇠고기 조림

주재료(10인분)
쇠고기(불고기용) 600g
소금·후춧가루 약간씩
우엉 2대
식용유 적당량

조림장 재료
간장 1/2컵
굴소스 1
물엿 4
맛술 4
설탕 2
마늘(편으로 썬 것) 5쪽
후춧가루·참기름 약간씩

그린 샐러드

주재료(10인분)
양상추 1/2통
치커리 1줌(60g)
방울토마토 15개

드레싱 재료
올리브오일 1/2컵
식초 1/3컵
양겨자 2
올리브 4개
다진 양파 4
다진 마늘 1.5
설탕 3
소금·후춧가루 약간씩

만추, 맞춤 도시락

버섯나물과 비빔양념장

주재료(10인분)
마른 표고버섯 8개

336

새송이버섯 3개
느타리버섯 2팩(200g)
팽이버섯 2봉지
오이 1개
들기름 적당량
미나리 2줌(200g)
소금 적당량
참기름 약간
밥 8공기
달걀말이 2개

비빔 양념장 재료
고추장 2/3컵
간장 3
매실 소스 4
참기름 4
통깨 2
연겨자 약간

옥수수전

재료(10인분)
옥수수(냉동 또는 통조림) 500g
물 1+1/2컵
당근 1/6개
부침가루 적당량
완두콩 1/2컵
식용유 적당량

초코 무스

재료(2인분)
다크 초콜릿 50g
화이트 초콜릿 50g
생크림 100g

스타 레스토랑보다 빛나는 평범 도시락

멸추 김밥

주재료(10인분)
볶음멸치 1컵
밥 8공기
삭힌 고추 10개
당근 1개

오이 2개
식용유·소금 적당량씩
단무지 10줄
김밥용 김 10장

멸치 양념 재료
간장 2
물엿 2
맛술 4

밥 양념 재료
소금·참기름·깨소금 약간씩

햄 커틀릿

재료(10인분)
치즈 5장
피망·홍피망 1개
햄(1cm 두께) 20조각
밀가루 1컵
달걀 3개
빵가루 3컵
소금 약간
후춧가루 약간
튀김 기름 적당량

비트 수프

재료(10인분)
비트 1개
감자 3개
양파 1/2개
마늘 1쪽
버터 2
밀가루 3
물 4컵
우유 3컵
소금·후춧가루 약간씩

Chapter 3
원 볼 파스타

봉골레 스파게티

재료(2인분)
스파게티면 200g

모시조개 10개
조개 육수 1/2컵
마늘 6쪽
마른 고추 1개
방울토마토 6개
올리브오일 3

스파게티 삶는 물 재료
물 2ℓ
소금 2

브로콜리 새우 크림 소스 파스타

주재료(2인분)
스파게티면 200g
양송이버섯 2개
브로콜리 1/4송이
소금 약간
방울토마토 2개
마늘 2쪽
버터 0.5
올리브오일 2
새우살 1/3컵
화이트와인 3
스파게티 삶은 물 3
생크림 1컵
소금 약간

스파게티 삶는 물 재료
물 2ℓ
소금 2

채소를 올린 푸타네스카

주재료(2인분)
스파게티면 200g
방울토마토 4개
마늘 2쪽
블랙 올리브 4개
마른 고추 1개
케이퍼 0.5
화이트와인 2
파슬리 약간
조개 육수 1/4컵
올리브오일 3
샐러드 채소 적당량
레몬즙·올리브오일 약간씩

스파게티 삶는 물 재료
물 2ℓ
소금 2

라자냐

재료(2인분)
라자냐면 4장
토마토 소스 1컵
바질 2장
베사멜 소스 1컵
파르메산 치즈가루 2
모차렐라 치즈 1/2컵
다진 파슬리 약간

스파게티 삶는 물 재료
물 2ℓ
소금 2

카레를 넣은 펜네

주재료(2인분)
펜네 160g
마늘 2쪽
베이컨 2장
양파 1/4개
새송이버섯 1개
참치 통조림 1/2통
올리브오일 3
화이트와인 2
파스타 삶은 물 1/4컵
카레가루 2
소금 약간

스파게티 삶는 물 재료
물 2ℓ
소금 2

Chapter 4
원 볼 샐러드

타이풍 닭고기 샐러드

주재료(10인분)
닭고기(안심) 30조각
토마토 2개

양파 1개
양상추 10장
무순 2팩
땅콩 1/2컵

닭고기 양념 재료
피시 소스 4
식초 1/3컵
레몬즙 1/3컵
칠리가루 2
설탕 4
물 1/3컵
소금 약간

바게트에 곁들인 버섯 샐러드

주재료(10인분)
바게트 1개
치커리 2줌(150g)
올리브 15개
래디시 4개
표고버섯 8개
새송이버섯 6개
양송이버섯 10개
식용유 적당량
소금·통후추 약간씩
파르메산 치즈가루 4
올리브오일 1/2컵
발사믹초 1/2컵

바게트 스프레드 재료
버터 1/2컵
다진 마늘 3
다진 파슬리 2

닭 가슴살 아몬드 샐러드

주재료(10인분)
닭고기(안심) 30조각
아몬드(슬라이스) 1컵
샐러드 채소 2줌(150g)
크랜베리 4

닭고기 양념 재료
카레가루 2
달걀흰자 2개분
후춧가루 약간

허니 머스터드 재료
올리브오일 1/2컵
꿀 1/4컵
머스터드 2

과일을 곁들인 해산물 샐러드

재료(10인분)
키위 4개
오렌지 2개
양파 1개
샐러드 채소 2줌(150g)
새우(중하) 20마리
모시조개 30개
오징어 2마리
화이트와인 1/2컵
소금·후춧가루 약간씩

레몬 드레싱 재료
올리브오일 2/3컵
레몬즙 2/3컵
다진 파슬리 1
소금·후춧가루 약간씩

겨자 드레싱 재료
올리브오일 2/3컵
식초 1/4컵
다진 마늘 2
연겨자 약간

매콤한 오징어구이 샐러드

주재료(10인분)
오징어 5마리
샐러드 채소 2줌(150g)
식용유 약간

오징어 양념 재료
고춧가루(고운 것) 3
토마토케첩 1/3컵
다진 마늘 1.5
우스터 소스 3
핫 소스 4
설탕 4
후춧가루 약간

와사비 마요네즈 재료
마요네즈 2/3컵
와사비 2
레몬즙 2

Chapter 5
테이크 아웃 푸드

카레 닭 가슴살 감자 샌드위치

주재료(10인분)
닭고기(안심) 10장
크루아상 10개
씨겨자 적당량
샐러드 채소 적당량

닭고기 양념 재료
카레가루 1.5
소금·후춧가루 약간씩
식용유 약간

감자 샐러드 재료
감자 4개
마요네즈 4
건포도 4
소금·후춧가루 약간씩

봄나물 불고기 샌드위치

주재료(10인분)
샌드위치용 빵 20장
쇠고기(불고기) 600g
느타리버섯 2줌(150g)
냉이 2줌(120g)
참나물 2줌(120g)
소금·후춧가루 약간씩
식용유 적당량
졸인 발사믹 약간
크림치즈 2/3컵

쇠고기 양념 재료
간장 4
설탕 2
다진 파 3
다진 마늘 1.5
후춧가루 약간

햄버거 샌드위치

주재료(10인분)
양파 1개
식용유 적당량
쇠고기(다진 것) 400g
돼지고기(다진 것) 400g
빵가루 2컵
달걀 2개
양상추 1/2통
토마토 2개
햄버거 빵 10개
머스터드 소스 적당량
슬라이스 치즈 10장

고기 양념 재료
토마토케첩 1/4컵
마늘 소스 2
우유 1/4컵
소금·후춧가루 약간씩

베지테리언 샌드위치

주재료(10인분)
가지 2개
새송이버섯 4개
애호박 1개
식용유 약간
소금 약간
파르메산 치즈가루 4
토마토 2개
곡물식빵 20장
바질 페스토 약간

채소 소스 재료
발사믹초 1+1/2컵
설탕 1.5
소금 약간

연어 주먹밥

재료(10인분)
연어(구운 것) 200g
삭힌 고추 5개
밥 5공기
후리카케 4
참기름 3
검은깨 3

톳 주먹밥

주재료(10인분)
쌀 4컵

물 4컵
톳(말린 것) 1/4컵
간장 4
맛술 4
설탕 1.5
소금 약간

소 재료
김치(잘게 썬 것) 1컵(200g)
참기름 약간

오트밀 쿠키

재료(8인분)
박력분 90g
베이킹파우더 1/2작은술
베이킹소다 1/4작은술
소금 1/4작은술
시나몬 파우더 1/2작은술
버터 110g
설탕 50g
황설탕 40g
달걀 1/2개분
오트밀 130g
초코칩 50g
말린 크랜베리 30g
다진 호두 30g

버터링 쿠키

재료(8인분)
박력분 180g
버터 130g
슈거 파우더 65g
달걀 1/2개분
생크림 35g
계량저울 계량

모양 쿠키

쿠키 재료(8인분)
박력분 300g
베이킹파우더 1g
버터 140g
슈거 파우더 120g
달걀 1개

로열 아이싱 재료
슈거 파우더 200g
달걀흰자 60~70g
색소 약간
계량저울 계량

호두 볼

재료(8인분)
박력분 120g
아몬드가루 30g
베이킹파우더 5g
버터 70g
설탕 70g
소금 약간
바닐라 에센스 약간
달걀 1/2개분
다진 호두 50g

호두 파이

파이 반죽 재료(8인분)
강력분 80g
박력분 160g
버터 90g
찬물 2큰술
달걀노른자 1개분
소금 약간

충전물 재료
호두 100g
버터 30g
흑설탕 30g
계핏가루 2작은술
물엿 150g
달걀 3개
소금 약간

초콜릿 케이크

재료(8인분)
박력분 40g
옥수수녹말 30g
소금 약간
생크림 80g
다크 초콜릿 190g
버터 80g
달걀노른자 3개분
달걀흰자 3개분
설탕 80g

호두 브라우니

재료(8인분)
호두 50g
장식용 호두(구운 것) 3개
밀크 초콜릿 100g
버터 50g
달걀 2개
흑설탕 30g
우유 50g
박력분 50g
베이킹파우더 1g

유자향 만주

주재료(8인분)
박력분 150g
아몬드가루 15g
베이킹파우더 3g
달걀 1개
설탕 30g
물엿 7g
소금 약간
버터 15g
우유 1/2큰술
흰 앙금 150g
유자청 2작은술

달걀물 재료
달걀노른자 1개분
우유 1큰술

**Chapter 6
사계절 과일청**

석류청

재료
석류 4개
흰 설탕 600g

매실청

재료
매실 5kg
황설탕 5kg

사과청

재료
사과 10개
흰 설탕 3kg

레몬청

재료
레몬 10개
흰 설탕 1.5kg

오미자청

재료
오미자 5kg
흰 설탕 5kg

유자청

재료
유자 10개
흰 설탕 1.5kg

복분자청

재료
복분자 1kg
흰 설탕 1kg

블루베리청

재료
블루베리 1kg
(생블루베리 또는 냉동)
흰 설탕 1kg

밥먹는 카페
Index

원 플레이트

★ ㄱ
가지 조림 94
가지 튀김 64
감잣국 118
고구마 겨자채 무침 132
김 장아찌 152
김치 소스 116
김치 춘권 튀김 166
김치전 148
깐풍두부 82

★ ㄴ
냉이 오믈렛 52
냉이 호박전 26
녹차 물김치 80
늙은호박전 176

★ ㄷ
단호박 고구마 샐러드 150
닭개장 90
닭고기 찹쌀밥 58
닭고기 커리 소스 74
도토리묵과 김치무침 162
돼지고기 안심 샐러드 24
된장 소스 46
두부 불고기 샐러드 38
두부 장아찌 124
땅콩조림 132

★ ㅁ
마파두부 180
매운 감자 조림 182
매운 닭 구이 178
매운 숙주 볶음 78
멸치 고추장 조림 22
무밥과 양념장 128

미역 냉국 60

★ ㅂ
버섯 불고기 104
보리밥 86
봄꽃 초밥 16
봄나물 겉절이 20
부추 달걀국 18
북엇국 102
뿌리채소밥과 양념장 142

★ ㅅ
사과 달래 무침 174
시래기 된장국 130
쌈과 쌈장 88
쑥밥과 달래 양념장 30
생땅콩 조림 106

★ ㅇ
양파 간장 피클 66
연근 튀김 120
오색 떡국 144
오이 미역 초무침 108
오이 북어포 무침 50
오이지 무침 76
오징어덮밥 소스 158
완두콩밥 44
유부 채소 볶음 110
유자향 두부 조림 146
은행밥 170

★ ㅈ
잔멸치 아몬드 조림 136
장떡 68
조개 된장국 48
조개 미나리 무침 34
주꾸미탕 32

중국식 오이김치 138
중국식 해산물 볶음 134

★ ㅊ
참나물전 96
참치 올리브 샐러드 122
채소 초고추장 무침 62
취나물 된장국 160
치자밥 114
칠리 소스와 참치 꼬치구이 40

★ ㅋ
카레밥 156
콩나물국 172
콩 조림 36

★ ㅍ, ㅎ
파래 무 생채 164
한입 돈가스 54
현미밥 100
흑미밥 72

원 런치 박스

★ ㄱ
감자칩과 닭안심 튀김 196
고구마 맛탕 206
그린 샐러드 214

★ ㄷ
두부 김밥 186
등갈비찜 덮밥 202

★ ㅁ
메추리알 꽈리고추 조림 188
멸추 김밥 226

★ ㅂ
밥을 넣은 달걀말이 210
버섯나물과 비빔양념장 218
비트 수프 230
비트 연근 피클 204

★ ㅅ, ㅇ
숙주 볶음밥 194
옥수수전 220
우엉 쇠고기 조림 212

★ ㅊ, ㅋ, ㅍ, ㅎ
초코 무스 222
컵과일과 요구르트 190
팥을 올린 두부 경단 198
햄 커틀릿 228

원 볼 파스타

라자냐 240
봉골레 스파게티 234
브로콜리 새우 크림 소스 파스타 236
채소를 올린 푸타네스카 238
카레를 넣은 펜네 242

원 볼 샐러드

과일을 곁들인 해산물 샐러드 252
닭 가슴살 아몬드 샐러드 250
매콤한 오징어구이 샐러드 254
바게트에 곁들인 버섯 샐러드 248
타이풍 닭고기 샐러드 246

테이크 아웃 푸드

★ ㅁ, ㅂ
모양 쿠키 274
버터링 쿠키 272
베지테리언 샌드위치 264
봄나물 불고기 샌드위치 260

★ ㅇ
연어 주먹밥 266
오트밀 쿠키 270
유자향 만주 284

★ ㅊ, ㅋ, ㅌ, ㅎ
초콜릿 케이크 280
카레 닭 가슴살 감자 샌드위치 258
톳 주먹밥 268
햄버거 샌드위치 262
호두 볼 276
호두 브라우니 282
호두 파이 278

사계절 과일청

레몬청 291
매실청 289
복분자청 294
블루베리청 295
사과청 290
석류청 288
오미자청 292
유자청 293

밥먹는 카페
오너의 Tip 115

★ ㄱ
가지 손질하기 95
가지 튀기기 65
간편 양념 이용하기 79
겨자 이용하기 133
계절별 된장국 49
계절별 모양 쿠키 275
고구마 한 박스 이용하기 207
굴소스를 대신할 양념 93
김 장아찌 보관하기 153
김치를 대신할 메뉴 찾기 63

★ ㄴ
냉이가루 만들기 27
녹말 공부하기 83
늙은호박 보관하기와 요리하기 177

★ ㄷ
다시마 고르기와 보관법 119
다양하게 푸타네스카 만들기 239
단호박 고구마 샐러드 담기 151
달걀말이 모양 잡기 211
덮밥 소스 만들기 117
도시락에 샐러드 담기 215
도토리묵 쑤기 163
두고두고 사용하는 기본 양념 간장 23
두반장 활용하기 181
두부 불고기 샐러드 세팅 39
두부 조리기 147
두부 지지기 187

등갈비 손질하기 203
떡국 육수 만들기 145

★ ㅁ
마른 고추 활용하기 125
마른 취나물 불리기 161
많은 양의 볶음밥 만들기 195
맛있는 김밥용 밥 짓기 227
메추리알 삶기 189
무 손질하기 129
무청 시래기 갈무리 131
물김치 보관하기 81
밑반찬 보관하기 107

★ ㅂ
바삭한 김치전 부치기 149
버섯 대신 파프리카로 249
버터링 쿠키 래핑 273
보리밥과 쌀밥 함께 준비하기 87
볶음 요리에 유부 활용하기 111
부추 고르는 법과 씻는 법 19
북어 대가리로 육수 내기 103
비트 보관하기 205
뿌리채소 다듬기 121

★ ㅅ
사과 손질하기 175
샌드위치용 닭고기 준비 259
샌드위치용 빵 선택하기 261
샐러드 응용하기 247

생버섯 손질하기 219
쇠고기 준비하기 213
숙주 보관하기 79
시판용 깨 소스 25
쑥 갈무리 31

★ ㅇ
앙금으로 다양한 맛 내기 285
양념 이용법 109
양념이 타지 않도록 굽기 179
여름철 옥수수 이용하기 221
오이의 종류와 보관법 139
오이지 담기 77
오징어 껍질째 조리하기 159
오트밀 쿠키 래핑 271
우엉 손질하기 143
은행 요리 응용하기 171
입맛 돋우는 사계절 무침 35

★ ㅈ
조개 육수 만들기 235

★ ㅊ
참치 꼬치구이 세팅 41
참치 요리 플레이트에 담기 123
찹쌀가루 보관과 반죽하기 199
초콜릿 중탕하기 223
초콜릿 케이크 래핑 281
춘권 보관하기 167
춘권피로 그릇 만들기 251
칠리 소스와 참치 꼬치구이 세팅 67

★ ㅋ
커리 만들기 75
카레밥 활용하기 157
카페에서 남은 재료 응용하기 69
카페에서 닭 튀기기 197
카페에서 된장 소스 빨리 만들기 47
카페에서 만드는 겉절이 21
카페에서 밥 짓기 73
카페에서 버섯 불고기 내기 105
카페에서 별미밥 내기 59

카페에서 사용하는 단촛물 17
카페에서 수프 내기 231
카페에서 시원한 냉국 담기 61
카페에서 쌈장 만들기 89
카페에서 양배추 썰기 25
카페에서 양파 피클 보관 67
카페에서 오븐으로 튀김하기 55
카페에서 오이 북어포 무침 내기 51
카페에서 오징어구이 샐러드 내기 255
카페에서 육수 끓이기 91
카페에서 잎채소 씻기와 보관 97
카페에서 주꾸미탕 내기 33
카페에서 튀김 요리하기 229
카페에서 해산물 메뉴 구성하기 135
카페에서 후다닥 밥하기 101
카페용 샌드위치 만들기 265
카페용 양파피클 보관 93
카페용 콩 조림 37
카페의 건강 메뉴 고민하기 137
카페의 달걀 요리 53
카페의 자연 색소 갈무리 115
콩나물국과 콩나물무침 전용 양념 199
콩나물 맛내기 173
콩밥 짓기 45

★ ㅌ
토마토 소스와 베사멜 소스 만들기 343
톳 구입하고 보관하기 269

★ ㅍ
파래 무 생채 변화 주기 165
파스타 삶기 237
파스타 생면 만들기 243
플레인 요구르트 만들기 191

★ ㅎ
해산물 데치기 253
햄버거 패티를 굽는 방법 263
호두 볼 래핑 277
호두 브라우니 서빙 283
호두 파이 래핑과 서빙법 279
후리카케 만들기 267

밥먹는 카페
ⓒ 이미경 2012

초판 인쇄 : 2012년 2월 18일
초판 발행 : 2012년 2월 28일

글과 요리 : 이미경

펴낸이 : 강병선
편집인 : 김민정

기획·책임편집·스타일링 : 조경자
편집 : 정세랑 홍주연
요리 어시스트 : 송민경 양성미 이정은

사진 : 황승희
디자인 : Arearea
일러스트 : Sugartree

마케팅 : 신정민 서유경 정소영 강병주
온라인 마케팅 : 이상혁 장선아
제작 : 안정숙 서동관 김애진
제작처 : 영신사

펴낸 곳 : (주)문학동네
출판등록 : 1993년 10월 22일 제 406-2003-000045호
임프린트 : 난다

주소 : 413-756 경기도 파주시 교하읍 문발리 파주출판도시 513-8
전자우편 : nandabook@nate.com
트위터 : @nandabook
문의전화 : 031-955-2656(편집) 031-955-8890(마케팅) 031-955-8855(팩스)

ISBN 978-89-546-1733-8 (13590)

- 난다는 출판그룹 문학동네의 임프린트입니다. 이 책의 판권은 지은이와 난다에 있습니다.
  이 책 내용의 전부 또는 일부를 재사용하려면 반드시 양측의 서면 동의를 받아야 합니다.
- 이 책의 국립중앙도서관 출판도서목록(CIP)은 e-CIP 홈페이지(www.nl.go.kr/cip.php)에서
  이용하실 수 있습니다.(CIP제어번호 : CIP2012000621)

www.munhak.com